TRATAMIENTO Y EFECTOS DE LA CADUCIDAD EN EL PROCEDIMIENTO SANCIONADOR

L. ALFREDO DE DIEGO DÍEZ
Magistrado - Doctor en Derecho
Profesor de Derecho Procesal
(Universidad Pablo de Olavide-Sevilla)

TRATAMIENTO Y EFECTOS DE LA CADUCIDAD EN EL PROCEDIMIENTO SANCIONADOR

2.ª EDICIÓN

COLEX 2020

Polígono Pocomaco, parcela I, Edificio Diana, portal centro 2,
A Coruña, 15190, A Coruña (Galicia)
info@colex.es
www.colex.es

I.S.B.N.: 978-84-1359-040-0
Depósito legal: C 587-2020

A mis colegas de bermejas becas y enlutadas capas
del mester de tunería en la pinciana Facultad de Leyes.

Por tan buenos momentos de rondas, tañeres y coplas.
Sensato, Cegatoso, Carande, Chupas, Crispín, Ficus...

Mis amigos de entonces y para siempre.

Para toda clase de males hay dos remedios:
el tiempo y el silencio.

Alejandro DUMAS (1802-1870)

ÍNDICE

Abreviaturas

art(s).	artículo(s).
art. cit.	artículo citado.
AATC	Autos del Tribunal Constitucional.
cf.	*confer* (latín: «compara»; equivale a «compárese»).
CE	Constitución Española.
CP	Código Penal.
ed.	edición.
Excmo. Sr.	Excelentísimo señor.
fj	fundamento jurídico.
Ilmo. Sr.	Ilustrísimo señor.
JT	Jurisprudencia tributaria (Aranzadi).
JUR	Jurisprudencia disponible en *www.westlaw.es* (Aranzadi).
LEC	Ley de Enjuiciamiento Civil (Ley 1/2000, de 7 de enero).
LGT	Ley General Tributaria (Ley 58/2003, de 17 diciembre).
LJCA	Ley de la Jurisdicción Contencioso-Administrativa (Ley 29/1998, de 13 de julio).
LOPJ	Ley Orgánica del Poder Judicial (Ley Orgánica 6/1985, de 1 de julio).
LPA	Ley de Procedimiento Administrativo (Ley de 17 de julio de 1958).
LPAC	Ley del Procedimiento Administrativo Común de las Administraciones Públicas (Ley 39/2015, de 1 de octubre).

LRJPAC	Ley de Régimen Jurídico de las Administraciones Públicas y del Procedimiento Administrativo Común (Ley 30/1992, de 26 de noviembre).
LRJSP	Ley de Régimen Jurídico del Sector Público (Ley 40/2015, de 1 de octubre).
núm.	número.
ob. cit.	obra citada.
p. ej.	por ejemplo.
pág(s).	página(s).
RD	Real Decreto.
rec.	recurso.
RJ	Repertorio de jurisprudencia (Aranzadi).
RJCA	Repertorio de jurisprudencia contencioso-administrativa (Aranzadi).
RPS	Reglamento del procedimiento para el ejercicio de la potestad sancionadora (RD 1398/1993, de 4 de agosto).
ss.	siguientes.
(S)SAN	Sentencia(s) de la Audiencia Nacional.
STC	Sentencia del Tribunal Constitucional.
(S)STS	Sentencia(s) del Tribunal Supremo.
(S)STSJ	Sentencia(s) del Tribunal Superior de Justicia.
TSJ	Tribunal Superior de Justicia.
vol.	volumen.

Advertencia. Todas las sentencias del Tribunal Supremo, Audiencia Nacional y Tribunales Superiores de Justicia citadas en esta monografía pertenecen a las salas del orden jurisdiccional contencioso-administrativo, salvo que expresamente se diga otra cosa.

INTRODUCCIÓN

EL TIEMPO EN EL DERECHO SANCIONADOR

SUMARIO: 1. EL TIEMPO VUELA *(TEMPUS FUGIT)*. 2. PRESCRIPCIÓN. 3. CADUCIDAD. A) Tratamiento terminológico. B) Noticia histórica. *a) Ley de Bases del Procedimiento Administrativo (1889). b) Ley de Procedimiento Administrativo (1958). c) Ley del Procedimiento Administrativo Común (1992). d) Reforma de la Ley del Procedimiento Administrativo Común (1999). e) La nueva Ley de Procedimiento Administrativo Común (2015).* 4. SEGURIDAD JURÍDICA.

1. EL TIEMPO VUELA *(TEMPUS FUGIT)*

El tiempo no es un elemento inocuo en el ordenamiento jurídico. Entre los hechos naturales que influyen sobre las relaciones de derecho, el transcurso del tiempo figura como uno de los más destacados. Decía el maestro CASTÁN que «el tiempo, que todo lo muda, no podía dejar de afectar a la pérdida y al nacimiento de los derechos, siendo su influencia tan grande como variada»[1]. Dos de esas variadas manifestaciones, probablemente las de mayor relevancia, son la prescripción y la caducidad.

Una y otra son instituciones añejas en el derecho civil; si bien, frente a la secularmente conocida prescripción, la caducidad es una institución relativamente moderna[2]. Y, aunque

1. José CASTÁN TOBEÑAS, *Derecho Civil Español, Común y Foral*, tomo I, *Introducción y Parte General*, vol. II, 14.ª ed. (reimpresión), Reus SA, Madrid, 1987, págs. 959-960.

2. En España, aluden por primera vez a la caducidad Leopoldo ALAS, Demófilo de BUEN y Enrique R. RAMOS en su conocida obra *De la prescripción extintiva*, Madrid, Centro de Estudios Históricos, 1918. En la jurisprudencia, parecen

ambas figuras se encuentran estrechamente relacionadas entre sí, cuentan con importantes diferencias que tanto la doctrina científica como la jurisprudencia se han esforzado en deslindar desde hace décadas: la prescripción (adquisitiva y extintiva), por un lado, y la caducidad o decadencia de derechos, por otro[3].

Así, actualmente, el ordenamiento jurídico exige que la facultad para perseguir una infracción, y para ejecutar la sanción una vez impuesta, se lleven a cabo en unos determinados plazos sin tiempos muertos, vacíos de actividad, que pudieran dar lugar a la prescripción. Pero también exige que, una vez incoado el procedimiento sancionador, acabe sin dilación, practicándose todos sus trámites y diligencias en un plazo limitado, so pena de tenerlo por caducado.

La importancia de que se cumplan los plazos de prescripción y caducidad lo ponen de relieve, por ejemplo, las SSTS de 5 de diciembre de 1988[4] y 2 de noviembre de 1999[5]:

> *Primero.* [...] Para que la sanción administrativa sea válida en Derecho es preciso no sólo que los actos realizados estén incluidos en la norma sancionadora, sino que, además, la sanción se imponga de conformidad con la norma de procedimiento, y en el plazo exigido por la ley; el transcurso de ese plazo sin que se imponga sanción determina la imposibilidad legal de efectuarlo, y si se ha hecho, se produce la nulidad radical de la sanción impuesta.

---

haber sido pioneras las SSTS (Sala de lo Civil) de 27 y 30 de abril de 1940 (RJ 303 y 304). Dice esta última en su primer considerando: «dos maneras tiene la ley procesal civil de impedir que prosperen ante los tribunales los derechos cuya virtualidad se ha extinguido por el transcurso del tiempo prefijado para su eficaz ejercicio, la caducidad y la prescripción, conceptos no bien diferenciados ni definidos...».

3. Así, por ejemplo, puede verse José CASTAN TOBEÑAS, *Ibidem*, págs. 959 988; Luis DÍEZ PICAZO y Antonio GULLÓN, *Sistema de Derecho* Civil, vol. I, 8.ª ed., Tecnos, Madrid, 1993, págs. 447-464; Diego ESPÍN, *Manual de Derecho Civil Español*, vol. I, *Parte General*, 7.ª ed., Editorial Revista de Derecho Privado, Madrid, 1979, págs. 501-514; o José Luis LACRUZ BERDEJO y otros, *Elementos de Derecho Civil*, tomo I, *Parte General del Derecho Civil*, vol. III, JMB Editor, Barcelona, 1990, págs. 349-381.

4. Ponente: Excmo. Sr. Cancer Lalanne (RJ 1988\9320).

5. Ponente: Excmo. Sr. Ledesma Bartret. Recurso 9263/1992 (RJ 1999\8800).

Desde la perspectiva del administrado, prescripción y caducidad originan el nacimiento de diferentes derechos. En primer lugar, el derecho a no ser inculpado —o a no serle exigido el cumplimiento de la sanción— una vez transcurridos los plazos de prescripción; y, en segundo término, el de no estar incurso como sujeto pasivo en un procedimiento sancionador durante un período superior al del plazo de caducidad[6].

La incidencia que sobre el *ius puniendi* tiene una y otra institución es bien distinta. La prescripción recae sobre la acción y la extingue, a diferencia de la caducidad que afecta exclusivamente al procedimiento[7]. Así, mientras la prescripción imposibilita definitivamente que se pueda perseguir y sancionar un ilícito administrativo o, en su caso, ejecutar la sanción impuesta, la caducidad del procedimiento no impide necesariamente que vuelva a reiniciarse la persecución del comportamiento ilícito, incoándose para ello un nuevo procedimiento sancionador siempre que no hayan transcurrido los plazos de prescripción. La prescripción conlleva efectos de cosa juzgada, en tanto que la caducidad, al haber dejado imprejuzgada la cuestión de fondo, permite abrir un nuevo procedimiento sin vulnerar por ello el *ne bis in idem*[8].

No me resisto a traer a colación la ingeniosa y descriptiva imagen mediante la que el magistrado y doctor en Derecho, Chaves García, diferencia uno y otro instituto[9]:

> La prescripción es la muerte de la acción sancionadora de la Administración («la Administración no desenfundó la pistola a tiempo»). La caducidad es la muerte del procedimiento por agotamiento del tiempo disponible («la Administración desenfundó la pistola pero no llegó a disparar a tiempo»). El instituto de la prescripción es causa de extin-

6. Véase José Garberí Llobregat, *El procedimiento administrativo sancionador*, 6.ª ed., Tirant lo Blanch, Valencia, 2016, vol. I, pág. 252.

7. José María Macías Castaño, «Prescripción y caducidad en los procedimientos administrativos sancionadores», en *Iuris*, núm. 144, diciembre 2009, págs. 50 y 52.

8. STS (Sala de lo Militar, sección 1.ª) de 29 de junio de 2011. Recurso 21/2011 (RJ 2011\5686).

9. José Ramón Chaves García, «La caducidad del procedimiento sancionador: hablando claro y con apoyo en la jurisprudencia reciente», 13 de agosto de 2009, en el blog *delaJusticia.com*.

ción de responsabilidad administrativa (jamás la Administración podrá volver a disparar por el mismo hecho contra la misma persona) y el instituto de caducidad es un modo de terminación del procedimiento administrativo (la Administración podrá en ciertos casos tener otra oportunidad de volver a repetir el procedimiento desde el principio).

Como se ve, en materia sancionadora, el transcurso del tiempo tiene efectos liberatorios para el inculpado. Si no se administran adecuadamente los tiempos en el ejercicio de la potestad sancionadora puede prescribir la posibilidad de perseguir la infracción, el procedimiento puede caducar o la sanción devenir inejecutable por prescripción. En cualquiera de los casos, el procedimiento sancionador, con los recursos materiales y humanos empleados, habría sido inútil para la Administración y distorsionador para el administrado. De ahí la importancia que, tanto para la Administración como para los inculpados, tiene conocer y manejar correctamente las claves que regulan los institutos de la prescripción y de la caducidad procedimental.

2. PRESCRIPCIÓN

En el procedimiento administrativo sancionador —contrariamente a lo que sucede en el derecho civil— el reconocimiento legal de la prescripción es reciente[10]; concretamente tuvo lugar a partir de la LRJPAC (Ley 30/1992). En efecto, la LPA de 1958 ignoró por completo la prescripción, dando lugar a que los partidarios del positivismo exacerbado llegasen a defender la aberrante postura de que la persecución de las infracciones administrativas era imprescriptible. Un buen ejemplo de estos planteamientos lo encontramos en la STS de 28 de octubre de 1974[11]:

> (1.er) Considerando: [...] No puede invocarse —por mera analogía— la prescripción penal del artículo 113 del Código Penal cuando la acción administrativa, incluso en su fase sancionadora, se rige por las normas de la Ley de 17 de julio de 1958, que fija plazos para la tramitación de

10. Sobre esta institución, puede verse L. Alfredo de Diego Díez, *Los infartos de la Administración: prescripción de infracciones y sanciones*, Colex, A Coruña, 2019.

11. Ponente: Excmo. Sr. Cordero de Torres (RJ 3828).

los expedientes y recursos correspondientes, dejando establecido que —artículo 49— las actuaciones realizadas fuera del tiempo establecido sólo implican la anulación del acto si así lo impone la naturaleza del término o plazo, lo que no acontece en el caso de autos.

Obsérvese que en el Código Penal entonces vigente —el texto refundido de 1944 (Decreto de 23 de diciembre de 1944)— todos los delitos, incluso los castigados con pena de muerte o reclusión mayor, prescribían (art. 113). Resultaba, por tanto, una anomalía incomprensible que las infracciones administrativas, con un reproche drásticamente menor, fuesen imprescriptibles.

Por fortuna, otras resoluciones contemporáneas del mismo Tribunal Supremo fueron abriendo camino en contra de tal dislate. En la década de los 70 la jurisprudencia aceptó de forma generalizada que, de no mediar norma expresa que señalase otro plazo diferente, procedía aplicar a las infracciones administrativas los plazos de prescripción previstos para las faltas en el Código Penal. La STS (Sala 3.ª) de 9 de marzo de 1972[12] dijo al respecto:

> (3.er) Considerando: Que resulta necesario plantear el problema de la ausencia de norma explícita reguladora de la prescripción del ejercicio de la potestad sancionadora [...], silencio que en ningún caso cabe interpretar negativamente, sino como una aceptación tácita, en el estricto sentido semántico, del régimen general del ilícito, supraconcepto comprensivo de sus manifestaciones fenoménicas administrativa y penal, ilícito este último que por implicar un reproche social más profundo constituye el límite máximo de los demás [...] y en consecuencia permite la aplicación supletoria en esta materia del plazo de dos meses señalado en el artículo 113 para la prescripción de las faltas, «a no ser que se determine otra cosa por leyes especiales», como ya había establecido este Tribunal Supremo en su sentencia de 8 de octubre de 1959 y otras posteriores, prescripción que debe declararse incluso de oficio en virtud del principio de legalidad inherente a la actividad administrativa.

La jurisprudencia continuó avanzando en el desarrollo de este instituto y matizó aún más la normativa que debía ser supletoriamente aplicada para determinar el plazo de prescripción. Señaló a tal efecto dos niveles: un primer grado, de aplicación analógica, constituido por la propia normativa admi-

12. Ponente: Excmo. Sr. Mendizábal y Allende (RJ 1291).

nistrativa en otras materias; y, un segundo grado, cuando no fuera posible hacer uso del anterior, en el que entraba en juego por supletoriedad el Código Penal, pero distinguiendo entre la mayor o menor gravedad de las infracciones. Fiel reflejo de esta evolución es la STS de 14 de diciembre de 1988[13]:

> *Cuarto.* Finalmente, y en cuanto al plazo de prescripción, la posición mantenida por esta Sala en la ya mencionada sentencia de 29 de junio de 1988 puede resumirse así:
>
> A) El silencio de la normativa sancionadora en punto a la prescripción debe resolverse aplicando esta figura jurídica con el plazo que en principio pueda derivar de la propia regulación jurídico-administrativa en otras materias, dado que el Derecho Administrativo, en cuanto derecho común y general de las Administraciones públicas, aparece informado por principios dotados de fuerza expansiva de suerte que sus lagunas han de cubrirse utilizando los propios criterios del Derecho Administrativo —sentencia de 13 de mayo de 1988—.
>
> B) El Derecho Penal aparece así, en la materia sancionadora, como un derecho supletorio de segundo grado al que habrá que acudir en razón de la unidad esencial del ordenamiento jurídico. En este terreno, en cuanto a la aplicación del artículo 113 del Código Penal, existen dos direcciones jurisprudenciales, pues unas veces se invoca el plazo de dos meses previsto para las faltas como pertinente en todo supuesto —sentencias de 1 de julio de 1985, 3 de febrero y 21 de abril de 1987, 7 de marzo de 1988, etc.— y otras, atendiendo a la entidad de la sanción administrativa, se estima de aplicación el plazo correspondiente a su gravedad que llega a ser así el de cinco años —sentencias de 26 de junio, 6 y 7 de julio de 1987—.
>
> El examen de estas dos direcciones jurisprudenciales conduce a la conclusión de que se ajusta más a la realidad la línea matizada que señala que el plazo ha de variar «según la importancia de la sanción a aplicar».

La LRJPAC terminó con la servidumbre del Código Penal en materia de prescripción y reguló este instituto en el artículo 132 (entre los principios de la potestad sancionadora), fijando los plazos en atención a la gravedad de la infracción. Actualmente, es el artículo 30 de la LRJSP el que contiene la regulación básica de la prescripción.

3. CADUCIDAD

Para quien se enfrenta a un procedimiento sancionador, los efectos liberatorios del transcurso del tiempo no se agotan con

13. Ponente: Excmo. Sr. Delgado Barrio (RJ 1988\9952).

la prescripción. Esta se interrumpe con la incoación del expediente. Ahora bien, su excesiva duración puede dar lugar al bloqueo del ejercicio de la potestad administrativa sancionadora por caducidad procedimental o perención. Con la caducidad se produce la terminación anticipada del procedimiento administrativo por su paralización o demora durante el plazo establecido legalmente [*cf.* arts. 25.1.*b)* y 84 de la LPAC].

En efecto, frente al derecho de la Administración a perturbar —por razones de interés público y observancia de la legalidad— la vida de un ciudadano teniendo pendiente en su contra un procedimiento de gravamen, aquel tiene, a su vez, el derecho a que dicho procedimiento finalice en un plazo predeterminado e improrrogable. Al servicio de este derecho está la perención o caducidad del procedimiento sancionador, para luchar contra la «pena de banquillo administrativo». Esta es la perspectiva desde la que se deben interpretar y aplicar las normas que regulan el tratamiento de este instituto.

Es lógico. La tramitación de procedimientos sancionadores provoca en sus destinatarios —como advierte con su habitual tino el profesor SANTAMARÍA PASTOR— desasosiego, inestabilidad emocional (y económica) producida por la incertidumbre del resultado: es la «pena de banquillo administrativo», tan real como cruel, contra la que lucha directamente la técnica de la caducidad. En términos coloquiales, «la caducidad se funda en el sagrado derecho [del ciudadano] a no ser molestado [por la Administración] más que durante un tiempo concreto, predeterminado e improrrogable»[14].

Por eso, la caducidad del procedimiento sancionador está al servicio del ciudadano, no de la actuación expedita de la Administración. En efecto, los valores propios de la actuación administrativa tienen aquí un carácter accesorio, secundario. Ciertamente, la caducidad es un acicate para la rápida actuación y «productividad» de los servicios administrativos en términos de despacho de expedientes, pero se trata de un

14. *Cf.* Juan Alfonso SANTAMARÍA PASTOR, «Caducidad del procedimiento (art. 44.2 LRJAP)», en *Revista de Administración Pública*, núm. 168, septiembre/diciembre de 2005, págs. 15-17.

efecto indirecto; no es su razón de ser[15]. Por este motivo, la STS (Sala 3.ª, sección 3.ª) de 13 de enero de 2010[16] pone el acento en la protección del sujeto expedientado:

> *Tercero.* [...] La caducidad de los procedimientos sancionadores es una institución jurídica con la que se trata de evitar la tardanza injustificada en resolver aquéllos, por entender el legislador que los sujetos expedientados se encuentran en una situación desfavorable que no ha de alargar indebidamente la Administración sancionante.

A) Tratamiento terminológico

Conviene apuntar desde ahora, siquiera sea sucintamente, el tratamiento terminológico que esta institución ha tenido en la jurisprudencia del Tribunal Supremo. El término «perención», como equivalente al de caducidad procedimental o como sustitutivo de este, fue examinado por la STS de 18 de noviembre de 1986[17]:

> *Tercero.* [...] el instituto o figura jurídica que se ha dado en llamar «caducidad del procedimiento administrativo» [...] más bien debiera llamarse «perención», como hacen algunas legislaciones hispano-americanas utilizando un vocablo que aquí ha devenido arcaico, con lo que se impediría confundirlo con la caducidad como extinción de derechos que nacen con una vida temporalmente predeterminada.

Por su parte, las SSTS de 5 de mayo de 1999[18] y 12 de mayo de 1999[19] ponen el acento en diferenciar ambos términos según que la causa de la paralización sea imputable al interesado (caducidad) o a la Administración (perención): «No se puede confundir la caducidad del expediente por causas imputables al interesado, con la caducidad de los mismos (perención, según pone de relieve la doctrina científica y recoge la jurisprudencia) por causas imputables a la Administración». Con posterioridad,

---

15. *Ibidem*, pág. 17.
16. Ponente: Excma. Sra. Perelló Domènech. Recurso 1279/2007 (RJ 2010\1357). Este pronunciamiento se reprodujo en las sentencias de la misma Sala y sección de 27 de enero de 2010 (recs. 1279/2007 y 5569/2007) (RJ 2010\1357 y RJ 2010\224) y 28 de enero de 2010 (rec. 1278/2007) (RJ 2010\1362).
17. Ponente: Excmo. Sr. González Navarro (RJ 1987\898).
18. Ponente: Excmo. Sr. Escusol Barra. Recurso 967/1993 (RJ 1999\3935).
19. Ponente: Excmo. Sr. Escusol Barra. Recursos 975/1993 y 976/1993 (RJ 1999\3938 y RJ 1999\3937).

el Tribunal Supremo se decantó por la utilización conjunta e indistinta de los términos «caducidad o perención»[20].

A pesar de la irreprochable distinción conceptual entre «perención» y «caducidad», este último vocablo se ha generalizado exitosamente en la normativa legal, incluso para los casos en que la paralización del procedimiento sea imputable a la Administración, de manera que será también este término el utilizado habitualmente en este trabajo.

B) Noticia histórica

La regulación generalizada de la caducidad es novedosa en la órbita del derecho administrativo sancionador, aunque se aplicó en otros tiempos a determinados ámbitos materiales al socaire de su específica legislación sectorial. Veamos una breve referencia histórica de esta institución.

a) Ley de Bases del Procedimiento Administrativo (1889)

La Ley de 19 de octubre de 1889, conocida como Ley Azcárate de bases del procedimiento administrativo, se preocupó por limitar la duración de los tiempos de tramitación. Fue, al decir de García de Enterría, la primera ley del mundo sobre el procedimiento administrativo[21]. En su base 8.ª dispuso:

> En ningún caso podrá exceder de un año el tiempo transcurrido desde el día en que se incoe un expediente y aquel en que se termina en la vía administrativa.

20. Pueden verse, entre otras muchas, las SSTS de 29 de enero de 2003 (rec. 4054/1997) (RJ 2003\1138), 6 de mayo de 2003 (rec. 3513/1998) (RJ 2003\4555), 31 de diciembre de 2003 (rec. 3685/2000 (RJ 2003\9437), 17 de febrero de 2004 (rec. 3281/2001 (RJ 2004\3159) o 1 de abril de 2014 (rec. 324/2013) (RJ 2014\2866).

21. Entre sus aciertos, estableció una serie de principios significativos sobre la formación de expedientes, el establecimiento de registros para anotar las entradas y salidas documentales en las oficinas públicas, el trámite de audiencia de los interesados en los expedientes, las exigencias formales de las notificaciones, etc. La ley, sin embargo, falló en algo importante, la remisión de su desarrollo a reglamentos dictados por cada Ministerio y la entrega a esos reglamentos del régimen de los recursos gubernativos o en vía administrativa, que pasaron a ser singulares en cada dependencia administrativa. Véase Eduardo García de Enterría, «Un punto de vista sobre la nueva Ley de Régimen Jurídico de las Administraciones Públicas y de Procedimiento Administrativo Común de 1992», en *Revista de Administración Pública*, núm. 130, enero-abril de 1993, pág. 205.

Según la misma base, no debía computarse el tiempo que el expediente estuviese detenido por culpa del interesado. Pero las consecuencias eran bien distintas según que la inactividad proviniese de la Administración o del interesado. La paralización durante seis meses sin que el interesado instase cosa alguna daba lugar a la terminación del expediente con archivo de actuaciones (base 8.ª). Por el contrario, el incumplimiento de la obligación de resolver por parte de la Administración tan solo generaba el derecho del interesado a recurrir en queja ante el superior jerárquico (base 14.ª) pudiendo dar lugar, a lo sumo, a la responsabilidad disciplinaria del funcionario actuante (bases 16.ª y 17.ª)[22].

Es fácil adivinar que el asimétrico tratamiento de Administración e interesado no remedió la incuria administrativa[23].

b) Ley de Procedimiento Administrativo (1958)

Durante la vigencia de la LPA de 1958, la perención del procedimiento por demora de la Administración fue mayoritariamente negada desde la jurisprudencia. Pero tal posición no estuvo exenta de polémica y de pronunciamientos judiciales favorables a su generalización en los procedimientos sancionadores, pese a la ausencia de precepto específico.

1. Argumentos contrarios a la caducidad. La única forma de caducidad procedimental que preveía la LPA entonces vigente

---

22. *Cf.* Francisco L. HERNÁNDEZ GONZÁLEZ, *La caducidad del procedimiento administrativo*, Montecorvo, Madrid, 1998, págs. 76 a 79. Vicenç AGUADO I CUDOLÀ, *Prescripción y caducidad en el ejercicio de potestades administrativas*, coedición Marcial Pons y Escola d'Administració Pública de Catalunya, Madrid, 1999, pág. 48, escribe al respecto: «En aquel momento tan sólo se preveía la caducidad del procedimiento administrativo por causa imputable al administrado. La aplicación de esta regulación no se extendía a los procedimientos iniciados de oficio, ya que la jurisprudencia entendía que estos casos quedaban cubiertos por la responsabilidad disciplinaria del funcionario causante de la dilación».

23. Alfonso SANZ CLAVIJO, *La caducidad del procedimiento. Su aplicación en el ámbito administrativo y tributario*, La Ley, Madrid, 2009, pág. 22.

era la que se producía por hechos imputables al interesado. El artículo 99 de la Ley de 17 de julio de 1958, en su redacción originaria[24], decía así:

> 1. Transcurridos tres meses desde que un procedimiento promovido por un interesado se paralice por causa imputable al mismo, se producirá la caducidad de la instancia y se procederá al archivo de las actuaciones, a menos que la Administración ejercite la facultad prevista en el número 2 del artículo 98.
>
> 2. La caducidad no producirá por sí sola la prescripción de las acciones del particular o de la Administración, pero los procedimientos caducados no interrumpirán el plazo de prescripción.

Por el contrario, el incumplimiento de los plazos por parte de la Administración no determinaba la caducidad del procedimiento[25] ni la invalidez del acto extemporáneo; sus efectos más importantes se concretaban en la aplicación del silencio administrativo (arts. 94 y 95)[26].

Así pues, el artículo 99 de la LPA obligaba a distinguir conceptualmente entre el *plazo de duración máxima del pro-*

---

24. La reforma operada por la Ley 164/1963, de 2 de diciembre, dio nueva redacción a este artículo para introducir en el numeral 1 la exigibilidad de una advertencia previa al interesado sobre la producción de la caducidad en los siguientes términos: «1. Paralizado un expediente por causa imputable al administrado, la Administración le advertirá inmediatamente que, transcurridos tres meses, se producirá la caducidad del mismo, con archivo de las actuaciones. No será aplicable esta regla cuando la Administración ejercite la facultad prevista en el número dos del artículo noventa y ocho».

25. Aunque la LPA de 1958 no anudaba efectos de caducidad procedimental a la demora de la Administración en la tramitación de los expedientes, hubo normas sectoriales contemporáneas a aquella ley que sí establecieron tal caducidad en los procedimientos sancionadores. Por ejemplo, el artículo 3 del Decreto 2530/1976, de 8 de octubre (prescripción de infracciones y caducidad del procedimiento en materia de disciplina del mercado); o el artículo 18 del Real Decreto 1945/1983, de 22 de junio (régimen sancionador en materia de defensa del consumidor y producción agroalimentaria) cuya vigencia mantuvo la disposición final 2.ª de la Ley 26/1984, de 19 de julio (defensa de los consumidores y usuarios). También se introdujo la caducidad en otros procedimientos no sancionadores, pero iniciados de oficio, como fue el caso del artículo 9.3 de la Ley 16/1985 (declaración de bienes de interés cultural).

26. Véase Francisco L. Hernández González, *La caducidad del procedimiento administrativo*, ob. cit., págs. 81 y ss.

cedimiento y los *plazos de caducidad*, con regímenes jurídicos diferenciados. El primero tenía como destinatario al órgano competente para resolver y los segundos al interesado.

• Tribunal Supremo (Sala 3.ª, sección 1.ª)
Sentencia de 17 de octubre de 1991[27]:

Tercero. En el sistema que traza la vigente Ley de Procedimiento Administrativo el plazo de duración máxima de tal procedimiento —art. 61.1—, por un lado, y la caducidad —art. 99—, por otro, son objeto de dos regímenes jurídicos rigurosamente diferenciados en los que los efectos de una y otra figura son muy distintos:

A) Para el supuesto de que la resolución se dicte cuando ya se ha rebasado el plazo máximo de seis meses, el artículo 61.2 de la citada ley ha previsto como consecuencia jurídica la de la responsabilidad disciplinaria del funcionario correspondiente: la resolución es, pues, válida aunque pueda desencadenar una responsabilidad.

En consecuencia, el transcurso del plazo indicado sin que se haya dictado resolución no elimina el deber de dictarla ni siquiera cuando se hayan llegado a producir los efectos propios del silencio administrativo negativo, tal como dispone el artículo 94.3 de la Ley de Procedimiento Administrativo: el supuesto de hecho que para el silencio dibuja el apartado primero de dicho precepto implica necesariamente que hayan transcurrido los seis meses sin resolución y sin embargo se mantiene el deber de dictarla, lo que significa, en primer lugar, que el procedimiento está vivo y no caducado —por ello hay que resolver— y en segundo término que la resolución extemporánea, debida, es válida.

B) Por el contrario, el transcurso de los plazos propios de la caducidad —paralización inicial, advertencia de la Administración y nueva paralización, ahora de tres meses— da lugar a la extinción del procedimiento con eliminación por tanto del deber de resolver —por ello se archivan las actuaciones, artículo 99.1 de la tan citada ley de procedimiento—.

Resultan así claramente contrapuestos los efectos que la Ley de Procedimiento Administrativo atribuye al transcurso del tiempo en ambas figuras jurídicas.

[...]

Quinto. Ya más concretamente será de señalar que en el sistema general de la Ley de Procedimiento Administrativo la caducidad opera únicamente cuando la paralización del expediente se produce precisamente por causa imputable al administrado, lo que remite a los procedimientos iniciados a instancia de persona interesada.

27. Ponente: Excmo. Sr. Delgado Barrio. Recurso 2420/1991 (RJ 1991\6930).

Ciertamente la doctrina ha sugerido la conveniencia de introducir la figura de la caducidad en los procedimientos incoados de oficio —especialmente en los sancionadores—, en los que la inactividad de la Administración daría lugar a dicha caducidad. Pero este criterio doctrinal, que ha sido adoptado por nuestro ordenamiento jurídico en algún campo concreto —así, artículo 18 del Real Decreto 1945/83, de 22 de junio, al que prestó *a posteriori* cobertura la disposición final segunda de la Ley General 26/ 1984, de 19 de julio, para la Defensa de los Consumidores y Usuarios— y que aparece recogido en un reciente proyecto de la Ley de Régimen Jurídico, Procedimiento Administrativo Común y Sistema de Responsabilidad de las Administraciones Públicas, no es el que inspira hoy el sistema de la vigente Ley de Procedimiento Administrativo.

Esta, en su artículo 99, vincula el efecto extintivo propio de la caducidad precisamente a la paralización derivada de una causa imputable al administrado, de suerte que la inactividad de la Administración no puede provocar la caducidad, aunque dé lugar a otras consecuencias —responsabilidad, silencio administrativo—.

Y este es el sistema de la Ley de Procedimiento Administrativo que, por tanto, tiene virtualidad general, independientemente de que en alguna materia y por disposición expresa se establezca un régimen jurídico diferente.

Tampoco cabía derivar una especie de caducidad procedimental a partir de los efectos invalidantes de las actuaciones administrativas extemporáneas, previstos en la redacción originaria del artículo 49 de la LPA:

> Las actuaciones administrativas realizadas fuera del tiempo establecido sólo implicarán la anulación del acto, si así lo impusiera la naturaleza del término o plazo, y la responsabilidad del funcionario causante de la demora si a ello hubiere lugar.

La jurisprudencia mayoritaria entendía que esta norma era solamente aplicable a los plazos sustantivos; no a los procedimentales. Es decir, procedía la anulación de la resolución extemporánea en casos de prescripción o caducidad de la acción, pero no cuando se excedía el tiempo para resolver. El plazo máximo de duración del procedimiento no operaba como límite temporal del ejercicio de la potestad sancionadora. Su infracción generaba, a lo sumo, la responsabilidad del funcionario causante de la demora, pero carecía de eficacia anulatoria.

Ejemplos de esta interpretación jurisprudencial del artículo 49 de la LPA son las sentencias que se transcriben a continuación.

• Tribunal Supremo
Sentencia de 7 de abril de 1981[28]:

(4.º) Considerando: Que el plazo máximo de duración de un expediente sancionador incoado al amparo de la legislación reguladora de las viviendas de protección oficial no participa de característica especial alguna que permita atribuirle una naturaleza tal que su infracción imponga la nulidad de actuaciones y, por ello, dicha infracción debe incardinarse en el supuesto general de los artículos 49 y 61 de la Ley de Procedimiento Administrativo y, en su consecuencia, como únicamente productora de la posible responsabilidad personal del funcionario causante de la infracción, pero en modo alguno dotada de eficacia anulatoria.

• Tribunal Supremo
Sentencia de 8 de julio de 1983[29]:

(4.º) Considerando de la sentencia apelada: [...] la jurisprudencia interpretando el artículo 49 de la Ley de Procedimiento Administrativo, ha declarado que el hecho de que una disposición, bien general de la ley procedimental, o de las reglamentaciones de las materias que tuviese por objeto el acto, prevea un término o plazo, no supone en modo alguno que el incumplimiento determina su invalidez, pues para que ésta se produzca, es necesario que así lo imponga la naturaleza del término o plazo; cuando así no ocurra, el acto es válido, no teniendo otra consecuencia el incumplimiento que la responsabilidad del funcionario causante de la demora si a ello hubiere lugar, principio general que sólo quiebra cuando el período establecido no es un plazo procedimental, sino un plazo para el ejercicio de potestades y derechos, por lo que no puede considerarse cuando la norma reguladora de los procedimientos sancionadores en materia como la que se estudia, se limita a consignar que el expediente se tramitará en plazo de dos meses, habida cuenta que no se trata aquí de un límite temporal al ejercicio de la potestad sancionadora, sino un plazo de procedimiento sujeto a la regla general de los artículos 49 y 61.

• Tribunal Supremo (Sala 3.ª, sección 1.ª)
Sentencia de 17 de octubre de 1991[30]:

Cuarto. Lo expuesto no se desvirtúa por el artículo 49 de la Ley de Procedimiento Administrativo que al introducir la regla general de la validez de las actuaciones administrativas realizadas fuera del tiempo

28. Ponente: Excmo. Sr. Gordillo García (RJ 1981\1820).
29. Ponente: Excmo. Sr. Gutiérrez de Juana (RJ 1983\4030).
30. Ponente: Excmo. Sr. Delgado Barrio. Recurso 2420/1991 (RJ 1991\6930).

establecido prevé como excepción la de que la naturaleza del plazo imponga la invalidez del acto extemporáneo, dualidad esta —regla general y excepción— que obliga a distinguir dos tipos de plazos, los procedimentales y los que operan como límite para la actuación de las potestades administrativas:

A) Los plazos de duración máxima del procedimiento pertenecen a la primera categoría, sujeta plenamente a la regla general: así se ha preocupado de advertirlo expresamente el ya examinado artículo 61.2 que atribuye a la resolución extemporánea únicamente la consecuencia de una responsabilidad disciplinaria, con mantenimiento de su validez.

B) En cambio, los plazos de prescripción de la infracción o de la sanción figuran en el segundo grupo y por tanto para ellos opera la excepción. Pero como ya se ha dicho la cuestión aquí planteada no es la de la prescripción.

En definitiva, el artículo 49 de la Ley de Procedimiento Administrativo no es obstáculo para concluir que el transcurso de un lapso de tiempo superior al previsto como de duración máxima del procedimiento no elimina el deber de resolver ni siquiera cuando se ha producido el silencio administrativo negativo, teniendo plena validez, por razón de tiempo, la resolución extemporánea, independientemente de las responsabilidades disciplinarias o de otro orden que puedan derivar de un funcionamiento anormal de la Administración.

En resumidas cuentas, mientras que la actuación de los particulares se hallaba sujeta a una estricta disciplina de plazos improrrogables, cuyo transcurso daba lugar al decaimiento de sus derechos, la acción administrativa se encontraba exenta por completo de cualquier tipo de constreñimiento temporal: «No existían plazos para la realización de cualesquiera trámites o para la finalización del procedimiento y, si existían, su vulneración resultaba normalmente irrelevante, como con auténtico descaro proclamaba el artículo 49 de la Ley de 1958»[31].

Este tratamiento asimétrico respondía a tendencias y actitudes propias de un rancio comportamiento burocrático, sobre el que ironiza SANTAMARÍA PASTOR[32]:

> Los particulares con los que la Administración se relaciona deben ser considerados como unos pelmazos egoístas (en los procedimientos incoados a instancia de ellos) o, mientras no se demuestre lo contrario, como unos peligrosos delincuentes (en los procedimientos incoados de oficio).

---

31. Juan Alfonso SANTAMARÍA PASTOR, «Caducidad del procedimiento (art. 44.2 LRJAP)», cit., pág. 10.

32. *Ibidem.*

2. Argumentos favorables a la caducidad. Ya en los primeros años de vigencia de la LPA de 1958, la doctrina, de lege *ferenda*, pidió la extensión de la caducidad a los procedimientos incoados de oficio y, singularmente, a los sancionadores. Un buen ejemplo fue GONZÁLEZ PÉREZ[33]. Tras quejarse de que «la Administración puede impunemente paralizar el procedimiento, salvo las teóricas y platónicas medidas sobre responsabilidad del funcionario culpable de ello», añade:

> Ahora bien: en los procedimientos incoados de oficio no estaría de más aplicar la institución de la caducidad para evitar los supuestos, nada infrecuentes, de procedimientos incoados por la Administración —por ejemplo, sancionadores— que quedan paralizados cuanto quiera el órgano competente, con los perjuicios que ello ocasiona al presunto culpable. Si la caducidad tiene su fundamento en razones de seguridad jurídica, en evitar la incertidumbre que supone un procedimiento en marcha, no existe razón alguna para no aplicar la caducidad a los procedimientos incoados de oficio.

Cierto sector jurisprudencial se decantó por seguir esta línea y buscó argumentos en la aplicación analógica del artículo 114.II del Código Penal a la sazón vigente. Pero este precepto solo hablaba de la prescripción de los delitos, que anudaba a la paralización del procedimiento; de manera que buscar en él un asidero analógico, para importar al ámbito administrativo sancionador la caducidad del procedimiento, no dejaba de ser un ejercicio de buenas intenciones con poco o nulo fundamento técnico-jurídico[34]. Se confundía lo que, en realidad, era una prescripción intraprocedimental, con la caducidad o perención del procedimiento.

33. Jesús GONZÁLEZ PÉREZ, *El procedimiento administrativo*, Publicaciones Abella - El Consultor de los Ayuntamientos, Madrid, 1964, págs. 539-540.

34. De este modo, apunta Francisco L. HERNÁNDEZ GONZÁLEZ, *La caducidad del procedimiento...*, ob. cit., pág. 255, «se producía una simbiosis entre ambas instituciones, que llevó a considerar la caducidad como una *modalidad de la prescripción*, que —a diferencia de ésta— operaba sobre la interrupción producida por el inicio del procedimiento y a la que, por ende, se aplicaba el plazo de dos meses previstos para la prescripción de las faltas».

• Tribunal Supremo
Sentencia de 15 de junio de 1988[35]:

> *Quinto.* La «paralización del procedimiento» de que habla ese artículo 114 del Código Penal hace referencia —de forma quizá algo ambigua— a una terminación anormal del procedimiento por causa imputable al órgano judicial. Al trasladar la aplicación de ese precepto al ámbito administrativo estaríamos ante un supuesto de caducidad o perención del procedimiento por hecho imputable a la Administración que supone una excepción a la regla general antes señalada de no aplicación de esa forma de terminación (sólo prevista —recuérdese— para el caso de abandono del particular).

La STS de 30 de septiembre de 1988[36] encontró justificación en normas constitucionales para aplicar la caducidad del expediente por causas imputables a la Administración. Se valió a tal fin del principio de seguridad jurídica (art. 9.3) y de la obligación que pesa sobre la Administración pública de servir con objetividad los intereses generales (art. 103.1). Literalmente, dijo:

> *Tercero.* [...] el artículo 99 de la Ley de Procedimiento Administrativo... contempla únicamente como causa de caducidad del expediente su paralización por causas imputables a los administrados en cuanto interesados, no a la Administración; pero como ésta tiene el deber de impulsar por sí misma el procedimiento, según los artículos 74 y 94.3 de la Ley de Procedimiento Administrativo; y, por otra parte, como aquella estricta interpretación del instituto de la caducidad significaría habilitar a la Administración para mantener, legalmente, injustificadas situaciones de incertidumbre, paralizando a su antojo o por su desidia un procedimiento, frente a las consecuencias rigurosas que en análoga tesitura causada por particulares, vienen establecidos, sin más correctivo que las medidas previstas en el artículo 94.3 de la citada ley, vulnerando con ello los principios generales del derecho, singularmente el fundamental de seguridad jurídica que ha potenciado la Constitución en el artículo 9.3 al garantizarlo, y el de servicio objetivo a los intereses generales instaurado en el 103, principios generales que como reiterada jurisprudencia ha declarado integran el ordenamiento jurídico y por ello son, dentro de su propio ámbito de aplicación de inexcusable observancia, hemos de concluir que la paralización del expediente administrativo sin motivo alguno que lo justifique... constituye causa de caducidad procedimental que arrastra tras sí la caducidad de la acción de demolición contemplada a la sazón con vigencia de un mes en el artículo 185, de la Ley del Suelo.

35. Ponente: Excmo. Sr. González Navarro (RJ 1988\4386).

36. Ponente: Excmo. Sr. Esteban Álamo (RJ 1988\7285).

c) Ley del Procedimiento Administrativo Común (1992)

La LRJPAC mantuvo la caducidad imputable al interesado (art. 92) e introdujo —«con una valentía inusual»[37]— una nueva modalidad: la caducidad por hechos imputables a la Administración en los procedimientos incoados de oficio no susceptibles de producir actos favorables para los ciudadanos. El artículo 43.4, en la redacción originaria de la Ley 30/1992, decía así:

> Cuando se trate de procedimientos iniciados de oficio no susceptibles de producir actos favorables para los ciudadanos, se entenderán caducados y se procederá al archivo de las actuaciones, a solicitud de cualquier interesado o de oficio por el propio órgano competente para dictar la resolución, en el plazo de treinta días desde el vencimiento del plazo en que debió ser dictada, excepto en los casos en que el procedimiento se hubiera paralizado por causa imputable al interesado, en los que se interrumpirá el cómputo del plazo para resolver el procedimiento.

Entre tales procedimientos podían identificarse sin dificultad los sancionadores[38]. El argumento es simple: son procedimientos iniciados de oficio y no producen precisamente actos favorables para los ciudadanos afectados; luego, el vencimiento del plazo para dictar resolución debía dar lugar a la caducidad. Fue así como la LRJPAC terminó con el doble rasero hasta entonces vigente a la hora de valorar el tiempo en los procedimientos, según se tratase del interesado o de la Administración. Como bien pone de relieve SANTAMARÍA PASTOR[39]:

> Los tiempos de cada una de las partes en un procedimiento no son cosas distintas, sino la misma; porque por insólito que aún resulte para algunos, el tiempo que la Administración emplea en la tramitación es el tiempo propiedad de los ciudadanos; y, sobre todo, porque el tiempo, que carece de valor para una Administración que parece vivir *sub specie aeternitatis*, es uno de los bienes más preciados para

37. En palabras de Juan Alfonso SANTAMARÍA PASTOR, «Caducidad del procedimiento (art. 44.2 LRJAP)», cit., pág. 10.

38. *Cf.* Vicenç AGUADO I CUDOLÀ, *Prescripción y caducidad...*, ob. cit., págs. 50-51.

39. Juan Alfonso SANTAMARÍA PASTOR, «Caducidad del procedimiento (art. 44.2 LRJAP)», cit., pág. 11.

> las personas, como los particulares, que viven en un mundo finito, y más aún para quienes se hallan sujetos a los imperativos del mercado y a las exigencias de una sociedad desarrollada. Es explicable, por tanto, el rasgo de lucidez que el legislador de 1992 tuvo al comprender que el extraordinario valor que el tiempo tiene para los administrados exigía imponer un término preciso y breve a la duración de los procedimientos administrativos.

Lamentablemente, se produjo una férrea resistencia a este cambio normativo. Y no solo por parte de los letrados de la Administración pública (lo que era de esperar, habida cuenta de que su defendida no estaba habituada a unos ritmos de actuación preclusivos) sino también por los tribunales. Hubo alguna singular excepción, pues en la STS (Sala 3.ª, sección 2.ª) de 29 de enero de 1994[40] puede leerse que la expresión negativa «no susceptibles de producir actos favorables para los ciudadanos [...], pese a su ambigüedad, parece referirse a los procedimientos sancionadores o semejantes». Pero, el hecho de que el artículo 43.4 de la LRJPAC no hiciese expresa referencia a los procedimientos sancionadores propició que, de forma generalizada, la jurisprudencia de la época rechazase la aplicación de la caducidad en esta clase de procedimientos; más aún en los disciplinarios.

Así, cuando algún Tribunal Superior de Justicia consideró aplicable el instituto de la caducidad, el Tribunal Supremo vino a señalar que tal doctrina era errónea. En este sentido puede verse la STS (Sala 3.ª, sección 7.ª) de 24 de abril de 1999[41], que estimó el recurso de casación en interés de ley dirigido contra la sentencia de 14 de noviembre de 1997 del Tribunal Superior de Justicia de Castilla-León, con sede en Burgos, estableciendo la siguiente doctrina legal:

> El artículo 63.3 de la Ley de Régimen Jurídico de las Administraciones Públicas y del Procedimiento Administrativo Común no implica la nulidad del acto de imposición de una sanción administrativa fuera del plazo legalmente previsto para la tramitación del expediente sancionador.

---

40. Ponente: Excmo. Sr. Rouanet Moscardó. Recurso 2341/1992 (RJ 1994\348).

41. Ponente: Excmo. Sr. Trillo Torres. Recurso 5480/1998 (RJ 1999\5194).

Tuvieron que transcurrir algunos años para que la jurisprudencia reconociese con total rotundidad que el texto original del artículo 43.4 de la Ley 30/1992 incluía en su seno los procedimientos sancionadores. Así lo expresó la STS (Sala 3.ª, sección 5.ª) de 2 de marzo de 2004[42]:

> *Quinto.* [...] tal precepto [art. 43.4 de la Ley 30/1992] exigía, hasta su modificación por la Ley 4/1999, para poder aplicar la caducidad que en el mismo se establece [...], la concurrencia de una doble condición en los procedimientos a los que se pretendía aplicar tal caducidad: *a)* Que fueran «procedimientos iniciados de oficio»; y *b)* Que fueran procedimientos «no susceptible de producir actos favorables para los ciudadanos». Doble condición que, obviamente, concurre en el procedimiento sancionador cuya caducidad se pretende.

d) Reforma de la Ley del Procedimiento Administrativo Común (1999)

El artículo 44.2 de la LRJPAC (tras la reforma operada por la Ley 4/1999) acabó con la polémica. Estableció con toda claridad lo siguiente:

> El vencimiento del plazo máximo establecido sin que se haya dictado y notificado resolución expresa [...] en los procedimientos en que la Administración ejercite potestades sancionadoras [...] producirá la caducidad.

42. Ponente: Excmo. Sr. Fernández Valverde. Recurso 3772/2001 (RJ 2004\2493). Otras muchas resoluciones posteriores también consideraron que el procedimiento sancionador encajaba perfectamente entre los «no susceptibles de producir actos favorables para los ciudadanos», a que se refería el artículo 43.4 de la LJRPAC, en su versión original. Valgan como ejemplo las SSTS (Sala 3.ª, sección 5.ª) de 10 de marzo de 2004 (rec. 3252/2001) (RJ 2004\3165), 19 de mayo de 2004 (rec. 1957/2002) (RJ 2004\4727), 12 de noviembre de 2004 (rec. 2668/2002) (RJ 2005\5660), 19 de julio de 2005 (recs. 348/2002 y 1036/2002) (RJ 2005\6673 y RJ 2005\6672), 20 de julio de 2005 (recs. 334/2002, 341/2002 y 1056/2002) (RJ 2005\6674, RJ 2005\9020 y RJ 2005\9018), 22 de julio de 2005 (recs. 886/2002, 1051/2002 y 1231/2002) (RJ 2005\6675, RJ 2005\6676 y RJ 2005\6679), 4 de enero de 2007 (rec. 5619/2003) (RJ 2007\8344), 23 de enero de 2007 (rec. 5837/2003) (RJ 2007\3310), 2 de octubre de 2007 (rec. 7377/2003) (RJ 2007\6310), 18 de febrero de 2009 (rec. 10844/2004) (RJ 2009\1802), 23 de octubre de 2009 (rec. 5298/2005) (RJ 2010\1194) y 2 de junio de 2011 (rec. 2134/2007) (RJ 2011\5800)

Ya no cabía duda alguna. La reforma de 1999 eliminó toda interpretación restrictiva del ámbito de los procedimientos sujetos a caducidad. Quedó patente que también los procedimientos sancionadores podían caducar. El legislador terminó así con lo que SANTAMARÍA PASTOR[43] describió como esa «triste historia de resistencias y forcejeos dialécticos, en la que las Administraciones y la jurisprudencia, apoyadas por parte de una doctrina vacilante y temerosa, y en un abierto enfrentamiento con un legislador que, por dos veces consecutivas, ha hecho gala de un sentido del progreso realmente elogiable, han perseguido el nítido objetivo de neutralizar el instituto de la caducidad, para que las cosas siguieran siendo como siempre han sido».

De este modo, se incorporó a nuestro ordenamiento común una regulación general de la caducidad por paralización del procedimiento administrativo sancionador; o, con mayor amplitud, respecto de todos aquellos procedimientos susceptibles de producir efectos desfavorables o de gravamen al administrado. En todos estos casos, cuando por causas imputables a la Administración no se tramitase y dictase la resolución terminal del expediente sancionador en un plazo predeterminado, se produciría la caducidad y el archivo de las actuaciones.

Con ello se reconoció normativamente el derecho a que la tramitación del procedimiento administrativo sancionador se llevase a cabo con celeridad y en un tiempo determinado; bien entendido que no se trataba de trasladar al ámbito del procedimiento administrativo el derecho fundamental a un proceso sin dilaciones indebidas. Somos conscientes de que el Tribunal Supremo niega tal posibilidad, entre otras, en la STS (Sala 3.ª, sección 7.ª) de 25 de noviembre de 2002[44]:

> *Octavo.* [...] El artículo 24.2, cuando establece el derecho a un proceso público sin dilaciones indebidas, se circunscribe al campo

43. Juan Alfonso SANTAMARÍA PASTOR, «Caducidad del procedimiento (art. 44.2 LRJAP)», cit., pág. 13.

44. Ponente: Excmo. Sr. Goded Miranda. Recurso 4163/1999 (RJ 2002\10633). En esta línea, Victoria LÓPEZ TORRALBA, «Breve estudio en torno al procedimiento administrativo sancionador y sus garantías», en *Revista Jurídica de la Comunidad de Madrid*, núm. 22, septiembre de 2005, pág. 210. Véase lo expuesto más adelante en relación con la relevancia constitucional de la caducidad (capítulo III, epígrafe 3 de esta monografía).

> de las actuaciones jurisdiccionales, por lo que no puede considerarse vulnerado por la duración de un expediente administrativo. [...] En definitiva, las cuestiones sobre la duración de la tramitación del expediente y sobre su posible caducidad son cuestiones de legalidad ordinaria, que no tienen relación con el derecho a un proceso sin dilaciones indebidas que establece el artículo 24.2 de la Constitución.

e) Ley del Procedimiento Administrativo Común de las Administraciones Públicas (2015)

El vigente artículo 25.1.*b)* de la LPAC tiene el siguiente contenido:

> 1. En los procedimientos iniciados de oficio, el vencimiento del plazo máximo establecido sin que se haya dictado y notificado resolución expresa no exime a la Administración del cumplimiento de la obligación legal de resolver, produciendo los siguientes efectos:
>
> [...]
>
> *b)* En los procedimientos en que la Administración ejercite potestades sancionadoras o, en general, de intervención, susceptibles de producir efectos desfavorables o de gravamen, se producirá la caducidad. En estos casos, la resolución que declare la caducidad ordenará el archivo de las actuaciones, con los efectos previstos en el artículo 95.

No hay sustanciales diferencias con lo dispuesto en la anterior normativa de 1999: los procedimientos sancionadores caducan si no se dicta y notifica la resolución sancionadora en el plazo máximo establecido para la duración del procedimiento.

4. SEGURIDAD JURÍDICA

Cualquiera que sea el ámbito del ordenamiento jurídico en el que operen, tanto la prescripción como la caducidad atienden a criterios de seguridad jurídica (certidumbre y fijeza). Como indica GONZÁLEZ NAVARRO[45], en ambas figuras «se transforma, en cierto sentido, un estado de hecho en un estado de derecho. La situación fáctica de inactividad (*de hecho* no se actúa) se transforma en jurídica (*no se puede* actuar)».

45. Francisco GONZÁLEZ NAVARRO, «La llamada caducidad del procedimiento administrativo», en *Revista de Administración Pública*, núm. 45, 1964, pág. 200.

En la órbita del derecho sancionador, además, se pretende impedir con tales instituciones que la Administración pueda demorar *sine die* el ejercicio del *ius puniendi*. De ahí el establecimiento de límites temporales que generan obligaciones para la Administración y derechos para el inculpado[46].

• Audiencia Nacional (sección 1.ª)
Sentencia de 21 de julio de 2006[47]:

Quinto. La caducidad del procedimiento, y sus correspondientes efectos, tiene su fundamento en la necesidad de evitar su pendencia indefinida, en aras de la certeza y seguridad jurídica, y en la consideración de las normas de procedimiento como normas de orden público.

La caducidad, como cualquier otro vicio de procedimiento, es una cuestión de orden público que puede ser apreciada de oficio por la propia Administración. Su efecto más inmediato es la terminación del procedimiento por perención y el consecuente archivo de las actuaciones. El procedimiento deja de existir con todos sus efectos.

• Tribunal Supremo (Sala 3.ª, sección 3.ª)
Sentencia núm. 438/2018, de 19 de marzo[48]:

Segundo. [...] El ejercicio por la Administración de sus potestades de intervención está sujeto a límites, uno de ellos es el establecimiento de un plazo máximo para resolver los procedimientos. Su razón de ser obedece al deber de las Administraciones públicas de dictar resolución expresa en los plazos marcados por la ley, con ello se pretende garantizar que los procedimientos administrativos se resuelvan en un tiempo concreto, evitando la prolongación indefinida de los mismos por razones de seguridad jurídica. El incumplimiento de estos plazos conlleva como consecuencia jurídica la caducidad del procedimiento y el consiguiente archivo de las actuaciones (artículo 44.2 de la Ley 30/1992), lo que no impide la apertura de nuevo expediente sobre el mismo objeto, siempre que no haya transcurrido el plazo de prescripción.

---

46. En palabras de José María Macías Castaño: «Prescripción y caducidad comparten un principio común: ambas instituciones se constituyen en un límite a la Administración en el ejercicio de la potestad sancionadora, imponiéndole la obligación de actuar en un determinado plazo». Véase su artículo «Prescripción y caducidad...», cit., pág. 49.

47. Ponente: Ilmo. Sr. Lesmes Serrano. Recurso 191/2005 (JUR 2006\224728).

48. Ponente: Excmo. Sr. Córdoba Castroverde. Recurso 2054/2017 (RJ 2018\1400).

En suma, la seguridad jurídica y su corolario, la interdicción de la arbitrariedad, son las garantías que salvaguarda la caducidad, tal y como expone la STS (Sala 3.ª, sección 7.ª) de 12 de diciembre de 2011[49]:

> *Tercero.* [...] El plazo de duración de los procedimientos sancionadores y expedientes disciplinarios responde a dos exigencias o finalidades. Una es garantizar al expedientado el principio de seguridad jurídica, evitándole situaciones de pendencia injustificada o de insoportable incertidumbre sobre la duración de dichos procedimientos. Y la otra es una derivación del postulado constitucional de interdicción de la arbitrariedad de los poderes públicos (artículo 9.3 de la CE), que hace intolerable que la Administración sancionadora pueda mantener a su antojo abierto de manera indefinida un expediente disciplinario.
>
> Esa exigencia de la seguridad jurídica impone dar a conocer al expedientado tanto el concreto tiempo de prolongación del expediente que haya sido decidido, como el singular hecho excepcional que la haya determinado. Mientras que la interdicción de la arbitrariedad lo que exige es que ese hecho sea verdaderamente excepcional, por no ser normalmente previsible, y haga razonablemente necesario el concreto plazo de dilación o prolongación que haya sido acordado.

49. Ponente: Excmo. Sr. Maurandi Guillén. Recurso 260/2010 (RJ 2012\2701).

CAPÍTULO I

ÁMBITO DE APLICACIÓN DE LA CADUCIDAD

SUMARIO: 1. PROCEDIMIENTOS SANCIONADORES EN GENERAL. 2. PROCEDIMIENTOS DISCIPLINARIOS DE LAS ADMINISTRACIONES PÚBLICAS. A) Redacción originaria de la LRJPAC (1992). B) Supletoriedad de la LRJPAC (1993). C) Inclusión en la LPAC (2015). 3. PROCEDIMIENTOS DISCIPLINARIOS REFERIDOS A JUECES Y MAGISTRADOS. 4. PROCEDIMIENTOS DISCIPLINARIOS DE LOS COLEGIOS PROFESIONALES. 5. PROCEDIMIENTOS SANCIONADORES TRIBUTARIOS. A) Caducidad de la posibilidad de iniciar el procedimiento. B) Caducidad del procedimiento y del ejercicio de la potestad sancionadora.

La caducidad, como una proyección concreta de la garantía de seguridad jurídica, opera hoy en todos los ámbitos sancionadores de la Administración. Se aplica en los procedimientos sancionadores en general, incluso en los tributarios; y se ha extendido a la órbita de los procedimientos disciplinarios, abarcando también —tras muchos años de obstinada negativa por parte de la jurisprudencia— el específicamente referido a jueces y magistrados.

1. PROCEDIMIENTOS SANCIONADORES EN GENERAL

En lo que aquí interesa, el artículo 25.1.*b)* de la LPAC dispone literalmente:

> En los procedimientos en que la Administración ejercite potestades sancionadoras o, en general, de intervención, susceptibles de producir efectos desfavorables o de gravamen, se producirá la caducidad.

Se trata de una norma procedimental común, aplicable a todos los procedimientos sancionadores, sea cual fuere la Administración pública implicada (art. 1.1 de la LPAC). Y, por lo que acontece a algunos sectores específicos, es de aplicación supletoria en los procedimientos sancionadores en materia tributaria y aduanera, en el orden social, en materia de tráfico y seguridad vial y en materia de extranjería [disposición adicional 1.ª, numeral 2.*c)* de la LPAC].

2. PROCEDIMIENTOS DISCIPLINARIOS DE LAS ADMINISTRACIONES PÚBLICAS

En sus comienzos, allá por 1992, la LRJPAC excluyó de su ámbito de aplicación los procedimientos disciplinarios. Solo transcurrió un año hasta que, en 1993, se estableció la supletoriedad de una buena parte de la LRJPAC en los procedimientos disciplinarios de la Administración General del Estado. Veámoslo un poco más detalladamente.

A) Redacción originaria de la LRJPAC (1992)

La disposición adicional 8.ª de la Ley 30/1992, en su redacción originaria, excluyó de su ámbito de aplicación «los procedimientos de ejercicio de la potestad disciplinaria de las Administraciones públicas respecto del personal a su servicio y de quienes estén vinculados a ellas por una relación contractual». Estos debían regirse por su normativa específica.

Se relegó así del ámbito disciplinario de la Administración pública en general, indiscriminadamente y sin la menor justificación, toda la normativa de la Ley 30/1992.

B) Supletoriedad de la LRJPAC (1993)

Aquella disposición adicional 8.ª de la Ley 30/1992 fue modificada por la disposición adicional 3.ª de la Ley 22/1993, de 29 de diciembre, estableciéndose desde entonces, en lo que aquí interesa, lo siguiente:

> Los procedimientos para el ejercicio de la potestad disciplinaria respecto del personal al servicio de la Administración General del Estado se regirán por su normativa específica y, en su defecto, por las normas contenidas en los títulos preliminar, I, II, III, IV, V, VII, VIII y X de la Ley 30/1992, de 26 de noviembre.

Entre los títulos de la Ley 30/1992 enumerados por la disposición adicional transcrita, no se encontraba el VI; precisamente, el título en el que se enmarcaba el artículo 92, relativo a los requisitos y efectos de la caducidad en los procedimientos iniciados a solicitud del interesado.

En cambio, sí aparecía expresamente mencionado el título IV de la Ley 30/1992. Pues bien, en la redacción originaria de la LRJPAC, formaba parte de este título el artículo 43.4, que reconocía la caducidad de los procedimientos susceptibles de producir efectos desfavorables a los ciudadanos. Y, más tarde, tras la reforma operada por la Ley 4/1999, dentro también del título IV, el artículo 44.2 determinó —de manera inequívoca— la caducidad de los procedimientos sancionadores cuando la Administración no resolvía dentro de plazo:

> En los procedimientos en que la Administración ejercite potestades sancionadoras o, en general, de intervención, susceptibles de producir efectos desfavorables o de gravamen, se producirá la caducidad. En estos casos, la resolución que declare la caducidad ordenará el archivo de las actuaciones, con los efectos previstos en el artículo 92.

En consecuencia, desde la vigencia de la Ley 22/1993, la caducidad del procedimiento sancionador era aplicable supletoriamente a los procedimientos disciplinarios del personal al servicio de la Administración. Así lo recogió la STS (Sala 3.ª, Pleno) de 27 de febrero de 2006[50]:

> *Sexto.* [...] La idea de que el instituto de la caducidad es aplicable al ámbito de los procedimientos disciplinarios referidos al personal al servicio de la Administración, no choca ya con la disposición adicional 8.ª de la Ley 30/1992, pues desde su modificación por la Ley 23/1993, esa disposición no solo no impide, sino que claramente propicia —por vía de aplicación supletoria de la Ley 30/1992 y salvo disposición específica en otro sentido—, que también en esos procedimientos disciplinarios opere la caducidad.

50. Ponente: Excmo. Sr. Calvo Rojas (rec. 84/2004) (RJ 2006\1757). Esta doctrina se reitera en las SSTS (Sala 3.ª, sección 7.ª) de 21 de marzo de 2006 (rec. 83/2002) (RJ 2006\5244), 27 de marzo de 2006 (rec. 86/2003) (RJ 2006\1680), 22 de junio de 2007 (rec. 132/2002) (RJ 2007\6559), 13 de mayo de 2008 (rec. 185/2005) (JUR 2008\176353) y 24 de septiembre de 2008 (rec. 4455/2004) (RJ 2008\7241).

Desde entonces, la institución de la caducidad se aplica de forma generalizada a los expedientes disciplinarios contra funcionarios, con independencia de su pertenencia a la Administración del Estado, a la autonómica o a la local[51].

C) Inclusión en la LPAC (2015)

La Ley 39/2015, a diferencia de su predecesora, no ha excluido de su ámbito de aplicación los procedimientos disciplinarios del personal funcionario (*cf., a contrario,* la disposición adicional 1.ª). Por otra parte, en el artículo 1 queda claro que su objeto es regular el procedimiento común a todas las Administraciones públicas, «incluyendo el sancionador». Como el procedimiento disciplinario no deja de ser un procedimiento sancionador, aunque específico, no hay razón alguna para inaplicar en ellos la caducidad del procedimiento.

3. Procedimientos disciplinarios referidos a jueces y magistrados

Durante muchos años, una cicatera interpretación de la LOPJ llevó a la Sala 3.ª del Tribunal Supremo a hurtar a jueces y magistrados la garantía consistente en la caducidad de los expedientes disciplinarios contra ellos incoados[52]. Afortunadamente, en el año 2006, el criterio mayoritario de los entonces integrantes de la Sala 3.ª del Alto Tribunal puso las cosas en su sitio. Entendió, en resumidas cuentas, que las mismas razones que le llevaron a considerar aplicable la caducidad de la LRJPAC a los procedimientos disciplinarios de la Administración, eran «enteramente trasladables al caso de los expedientes disciplinarios referidos a jueces y magistrados»[53].

---

51. STSJ de Cataluña (sección 4.ª) núm. 1360/2010, de 7 de diciembre. Recurso 11/2009 (JUR 2011\89041).

52. Son muestra de ello, entre otras, las SSTS (Sala 3.ª, sección 7.ª) de 11 de febrero de 2002 (RJ 2002\3156), 26 de febrero de 2002 (RJ 2002\4189) y 10 de febrero de 2003 (RJ 2003\2074), así como otros pronunciamientos anteriores que en esta última se citan: SSTS de 9 de julio de 1993 (RJ 1993\5767), 21 de mayo de 1996 (RJ 1996\5420) y 7 de febrero de 1997 (RJ 1997\1354).

53. STS (Sala 3.ª, Pleno) de 27 de febrero de 2006 (rec. 84/2004) (RJ 2006\1757). Desde entonces, el Alto Tribunal se ha pronunciado reiteradamente en el sentido de estimar aplicable la caducidad a estos

No fue obstáculo a la anterior conclusión el hecho de que no apareciese expresamente mencionada la caducidad del procedimiento en la regulación del régimen disciplinario de jueces y magistrados, contenida en la LOPJ. Tampoco mencionaban la caducidad del procedimiento los preceptos de la LOPJ relativos al régimen disciplinario de los secretarios judiciales (arts. 468 y 469) ni de los cuerpos de funcionarios al servicio de la Administración de Justicia (arts. 534 a 540). Sin embargo, ello no impidió que las correspondientes normas reglamentarias de desarrollo sí lo estableciesen expresamente en su articulado fijando en doce meses el plazo máximo para dictar y notificar la resolución final del procedimiento:

✓ Artículo 38 del Reglamento general del régimen disciplinario del personal al servicio de la Administración de Justicia (RD 796/2005, de 1 de julio).

✓ Artículo 185 del Reglamento Orgánico del Cuerpo de Secretarios Judiciales (RD 1608/2005, de 30 de diciembre).

En lo concerniente a la carrera judicial, ni existía ni existe desarrollo reglamentario del régimen disciplinario. Pero ello no es óbice para aplicar directamente el plazo máximo de duración del procedimiento sancionador previsto en la LOPJ (un año: art. 425.6, en su redacción hoy vigente). A esa falta de desarrollo reglamentario se refirió el Tribunal Supremo, para restarle importancia a la hora aplicar la caducidad en esta

expedientes, con la consecuencia legal establecida para tal caso en los artículos 44.2 y 92.3 de la Ley 30/1992. Entre otras, pueden verse las SSTS (Sala 3.ª, sección 7.ª) de 21 de marzo de 2006 (rec. 83/2002) (RJ 2006\5244), 27 de marzo de 2006 (rec. 86/2003) (RJ 2006\1680), 22 de junio de 2007 (rec. 132/2002) (RJ 2007\6559), 26 de marzo de 2008 (rec. 320/2004) (RJ 2008\2361), 9 de febrero de 2009 (rec. 321/2005) (RJ 2009\599), 27 de octubre de 2011 (rec. 581/2010) (RJ 2012\1590), 10 de abril de 2012 (rec. 519/2011) (RJ 2012\5183) y 30 de junio de 2014 (rec. 344/2013) (RJ 2014\3994).

materia, de manera que el expediente sancionador no pudiera estar indefinidamente pendiente de resolución. La STS (Sala 3.ª, Pleno) de 27 de febrero de 2006[54] lo indicó así:

> *Noveno.* [...] No existe ese desarrollo reglamentario y el plazo para resolver los expedientes disciplinarios lo fija la Ley Orgánica en seis meses —lo que ciertamente contrasta con aquel plazo de doce meses adoptado para los expedientes relativos a los secretarios judiciales y funcionarios al servicio de la Administración de Justicia—; pero, una vez anotadas estas diferencias de regulación, ninguna razón permite sostener que no deba operar respecto de los jueces y magistrados esa garantía del procedimiento, la caducidad, que impide que el expediente sancionador pueda estar indefinidamente pendiente de resolución. No existiendo una disposición legal que expresamente impida la vigencia de tal garantía en el ámbito procedimental que estamos examinando, la efectividad de la caducidad en los procedimientos disciplinarios seguidos contra jueces y magistrados debe ser afirmada por las mismas razones que llevan a instaurar esta garantía en otros ámbitos disciplinarios y, claro es, porque cuenta con el sólido respaldo normativo que hemos reseñado en los apartados anteriores.

4. PROCEDIMIENTOS DISCIPLINARIOS DE LOS COLEGIOS PROFESIONALES

La caducidad es también aplicable a los expedientes disciplinarios incoados por colegios profesionales. En este orden de cosas, la STS (Sala 3.ª, sección 4.ª) de 5 de mayo de 2004[55] explica cuál era la posición adoptada por la Ley de Procedimiento Administrativo Común 30/1992 respecto de las organizaciones corporativas y el procedimiento sancionador:

> *Tercero.* [...] La referencia a los colegios profesionales la encontramos en la disposición transitoria primera que, al referirse a las corporaciones de derecho público representativas de intereses económicos y profesionales, sienta que ajustarán su actuación a su legislación específica, es decir, en el caso de autos los estatutos de la organización colegial. Sin embargo, ello no es óbice para eludir el cumplimiento de lo preceptuado en la ley de procedimiento administrativo común ya que establece que «en tanto no se complete esta legislación le serán de aplicación las prescripciones de esta ley en lo que proceda».

54. Ponente: Excmo. Sr. Calvo Rojas. Recurso 84/2004 (RJ 2006\1757). Esta doctrina se reitera en las SSTS (Sala 3.ª, sección 7.ª) de 21 de marzo de 2006 (rec. 83/2002) (RJ 2006\5244), 27 de marzo de 2006 (rec. 86/2003) (RJ 2006\1680) y 22 de junio de 2007 (rec. 132/2002) (RJ 2007\6559).

55. Ponente: Excma. Sra. Pico Lorenzo. Recurso 556/2002 (RJ 2004\3216).

De forma específica, la STS (Sala 3.ª, sección 4.ª) de 4 de mayo de 2005[56] defendió contundentemente la operatividad de este instituto en el marco de las actuaciones disciplinarias de las corporaciones colegiales de derecho público, al considerarlo un principio básico del procedimiento administrativo:

> *Tercero.* [...] el instituto de la caducidad en aquellas actuaciones de la Administración que no ocasionen efectos favorables para los interesados constituye uno de los principios básicos del procedimiento administrativo, del que no se puede excusar la actuación de aquellas corporaciones que participan del concepto de Administración, máxime atendiendo al carácter meramente reglamentario de dichas disposiciones estatutarias, siempre subordinadas a la ley.

La «jurisprudencia menor» de los Tribunales Superiores de Justicia recogió esta doctrina, resaltando que, en virtud de la disposición transitoria primera de la Ley 30/1992, la caducidad era aplicable a los expedientes disciplinarios de los colegios profesionales a falta de una regulación específica al respecto.

- Tribunal Superior de Justicia de Cataluña (sección 5.ª) Sentencia núm. 854/2006, de 2 de noviembre[57]:

> *Tercero.* [...] La aplicación de la Ley 30/1992, de 26 de noviembre a la actuación de las corporaciones de derecho público representativas de intereses profesionales, según su disposición transitoria primera lo es «en lo que proceda», mientras no se complete plenamente a aquella Ley la legislación específica de estos colegios. Esa remisión comprende la caducidad de los procedimientos iniciados de oficio no susceptibles de producir actos favorables para los ciudadanos, regulada en el artículo 44 de la Ley 30/1992.

- Tribunal Superior de Justicia de Madrid (sección 6.ª) Sentencia núm. 256/2012, de 7 de marzo[58]:

> *Tercero.* [...] No puede acogerse una tesis que implique una posibilidad de duración indefinida de un procedimiento sancionador, cuando en estricto sentido jurídico, este procedimiento requiere una

56. Ponente: Excmo. Sr. Soto Vázquez. Recurso 7473/2002 (RJ 2005\3965).
57. Ponente: Ilma. Sra. Ortuño Rodríguez. Recurso 28/2006 (JUR 2007\117984).
58. Ponente: Ilma. Sra. Cadenas Cortina. Recurso 236/2009 (RJCA 2012\325).

> seguridad jurídica tanto para el órgano que lo instruye, como sobre todo para el afectado, teniendo en cuenta la aplicación, con matices, de los principios de Derecho Penal al Derecho administrativo sancionador. En modo alguno puede mantenerse un procedimiento sancionador sin un plazo de duración que se entiende fijado en los 6 meses que con carácter general establece la Ley 30/1992.
>
> [...]
>
> Por lo tanto, a falta de una regulación específica, el plazo de aplicación al expediente incoado al actor por la corporación demandada es el plazo máximo de resolución de los expedientes de la Ley 30/1992 aplicable a las asociaciones corporativas y lo es a los expedientes tramitados en el ejercicio de su potestad sancionadora.

La vigente Ley 39/2015, en su artículo 2.4, ha mantenido el criterio de supletoriedad de la ley procedimental común. En resumidas cuentas: cuando se trate de expedientes disciplinarios incoados por colegios profesionales, la aplicación de la caducidad del procedimiento tendrá lugar, en primer lugar, acudiendo a la específica legislación del colegio en cuestión (estatutos colegiales) y, a falta de disposición al respecto, será aplicable en toda su extensión la normativa de la Ley 39/2015.

5. PROCEDIMIENTOS SANCIONADORES TRIBUTARIOS

En materia tributaria encontramos una singularidad porque hay dos límites temporales en relación con el procedimiento sancionador: uno referido a su inicio (art. 209.2 de la LGT) y otro a su terminación (art. 104 de la LGT)[59]. Si el procedimiento no se incoa en determinado plazo (tres meses) o si, una vez iniciado, se supera el plazo máximo de su duración (seis meses), la Administración tributaria, irremediablemente, se verá impedida de ejercitar la potestad sancionadora[60].

---

59. Sobre esta materia es aconsejable la lectura, entre otros, de los trabajos realizados por Jorge Martín López, «La sedicente caducidad del procedimiento sancionador tributario», en *Revista Española de Derecho Financiero*, Civitas, núm. 145, 2010, págs. 97 a 143; Alfonso Sanz Clavijo, *La caducidad del procedimiento...*, ob. cit.; y Luis Alfonso Martínez Giner, «La caducidad de los procedimientos tributarios en la nueva Ley General Tributaria», en *Quincena Fiscal* (Aranzadi), núm. 11, 2004, págs. 11 a 35.

60. La STS (Sala 3.ª, sección 2.ª) de 23 de mayo de 2013 (RJ 2013\4483) habla de «plazos legalmente previstos para el ejercicio de la potestad punitiva por parte de la Administración, que resultan aplicables para el inicio y tramitación de un procedimiento sancionador».

A) Caducidad de la posibilidad de iniciar el procedimiento

El artículo 209.2 de la LGT, relativo a la iniciación del procedimiento sancionador tributario, dispone:

> Los procedimientos sancionadores que se incoen como consecuencia de un procedimiento iniciado mediante declaración o de un procedimiento de verificación de datos, comprobación o inspección no podrán iniciarse respecto a la persona o entidad que hubiera sido objeto del procedimiento una vez transcurrido el plazo de tres meses desde que se hubiese notificado o se entendiese notificada la correspondiente liquidación o resolución.
>
> Los procedimientos sancionadores que se incoen para la imposición de las sanciones a que se refiere el artículo 186 de esta Ley deberán iniciarse en el plazo de tres meses desde que se hubiese notificado o se entendiese notificada la sanción pecuniaria a que se refiere dicho precepto.

Es obvio que no estamos ante la caducidad (perención) de un procedimiento sancionador puesto que, en realidad, aún no ha llegado a incoarse. Lo que caduca es la posibilidad de iniciar tal procedimiento y, con ello, caduca también la posibilidad de ejercitar la potestad sancionadora en el caso concreto[61].

Es verdad que las potestades administrativas no se extinguen; pero nada impide que su singular ejercicio en cada

61. Es lo que algunos han denominado «caducidad-carga» (o «auténtica caducidad»), como una de las manifestaciones de caducidad manejadas por el ordenamiento jurídico administrativo. El sujeto, en este caso la Administración, tiene la carga de reaccionar iniciando el procedimiento en un determinado plazo. Si no lo hace, caduca la acción sancionadora y se extingue la posibilidad de perseguir la eventual responsabilidad administrativa. Es un límite a la acción sancionadora, correlato de la caducidad de acceso al recurso para los interesados. *Cf.* Rafael Caballero Sánchez, *Prescripción y caducidad en el ordenamiento administrativo*, McGraw-Hill, Madrid, 1999, págs. 96 y ss.; y Marcos Gómez Puente, «Prescripción, caducidad y perención administrativas», en *Justicia Administrativa*, núm. 4, julio de 1999, págs. 26-28, quien asocia el término preclusión con la caducidad de derechos (o acciones) de contenido reaccional o formal, señalando expresamente que «preclusivo es también el plazo de caducidad a que está sometido en ocasiones el *ius puniendi* de la Administración [por] no incoarse oportunamente el procedimiento sancionador una vez conocidos los hechos eventualmente constitutivos de la infracción».
Esta modalidad de caducidad también ha sido considerada como una especie de *«prescripción de plazos cortos»* (Rafael Caballero Sánchez, *ibidem*, pág. 97, nota 17) y como una singular *«decadencia de derechos temporales»* (Jorge Martín López, «La sedicente caducidad...», art. cit., pág. 101).

caso pueda estar sometido *ex lege* a plazos perentorios de caducidad. Lo que decae no es el poder o la potestad, sino la posibilidad de su ejercicio ilimitado en el caso de que se trate. Lo explicó bien Santi ROMANO[62]:

> [...] Los poderes son imprescriptibles. El no ejercicio de ellos durante un cierto tiempo podrá tener otras consecuencias y dar lugar a figuras distintas a aquella de la pérdida del poder, que debe excluirse siempre. Una de tales figuras es la de la decadencia, que determina la imposibilidad de ejercitar un poder en casos singulares, cuando se han dejado transcurrir los términos prefijados para su ejercicio, pero el poder continúa siempre íntegro y podrá siempre ejercitarse en todos los demás casos. [...] la decadencia atañe a los poderes y no a su pérdida, sino a su ejercicio.

En suma, el artículo 209.2 de la LGT acoge una manifestación de la caducidad que recae sobre el ejercicio de la potestad sancionadora del caso[63]. Establece un plazo preclusivo para iniciar el expediente sancionador. Dada la fatalidad de este plazo, su transcurso tendrá efectos extintivos, de manera que la Administración tributaria ya no podrá incoar procedimiento sancionador alguno por tales hechos, perdiendo definitivamente la oportunidad de perseguir y castigar el ilícito tributario cometido[64]. La finalidad de este plazo —indican ANÍBARRO y SESMA[65]— «es evitar dilatar el inicio del expediente sancionador cuando la Administración ya tiene indicios de la comisión de una infracción tributaria».

---

62. Santi ROMANO, *Fragmentos de un diccionario jurídico*, traducción de Santiago Sentís Melendo y Marino Ayerra Redín, Ediciones Jurídicas Europa-América, Buenos Aires, 1964, págs. 343-344.

63. Al tratar esta cuestión, se refieren a la «caducidad del ejercicio de la potestad sancionadora de la Administración», por ejemplo, la STS (Sala 3.ª, sección 2.ª) de 25 de marzo de 2013 (rec. 2885/2012) (RJ 2013\3516) y la SAN (sección 4.ª) de 20 de marzo de 2013 (rec. 1157/2012) (JUR 2013\105601). De «plazos legalmente previstos para el ejercicio de la potestad punitiva por parte de la Administración» habla la STS (Sala 3.ª, sección 2.ª) de 23 de mayo de 2013 (rec. 6285/2011) (RJ 2013\4483). Y a la «caducidad o la preclusión del plazo para su inicio» alude la SAN de 21 de noviembre de 2013 (rec. 401/2010) (JUR 2013\358808).

64. *Cf.* Susana ANÍBARRO PÉREZ y Begoña SESMA SÁNCHEZ, «La potestad sancionadora», en *Estudios de la Ley General Tributaria*, varios autores, Lex Nova, Valladolid, 2006, págs. 960-961.

65. *Ibidem.*

B) Caducidad del procedimiento y del ejercicio de la potestad sancionadora

El artículo 104.4, letra *b)*, de la LGT dispone la caducidad de todos los procedimientos susceptibles de producir efectos desfavorables o de gravamen. Más concretamente, la caducidad del procedimiento sancionador tributario se recoge expresamente en el artículo 211, apartados 2 y 4 de la LGT[66]. Las notas que rigen la caducidad en esta materia pueden resumirse en las siguientes:

1.ª El día inicial del plazo de caducidad no es la fecha del acto de incoación, como en la mayoría de los procedimientos, sino la de su notificación al expedientado: «El procedimiento sancionador en materia tributaria deberá concluir en el plazo máximo de seis meses *contados desde la notificación de la comunicación de inicio del procedimiento*» (art. 211.2 de la LGT).

Sin duda esta previsión normativa supone un notable menoscabo de la seguridad jurídica del presunto infractor, por cuanto la Administración puede disponer a su antojo del tiempo que media entre el acuerdo de incoación y su notificación al inculpado sin preocuparse de la posible caducidad[67].

2.ª El día final coincide con el de notificación de la resolución del expediente sancionador: «El vencimiento del plazo

66. Las actuaciones y procedimientos sancionadores en materia tributaria se regirán por su normativa específica y solo supletoriamente por la LPAC (disposición adicional 1.ª, aparatado 2.c) de la Ley 39/2015).

67. Véase Jorge Martín López, «La sedicente caducidad...», art. cit., págs. 134-135. Es verdad que la demora en el inicio del procedimiento sancionador puede ser fatal para la Administración y beneficiosa para el interesado. Ya hemos visto que, con arreglo a lo dispuesto en el artículo 209.2 de la LGT, el procedimiento debe iniciarse en el plazo de tres meses desde que se hubiese notificado o se entendiese notificada la correspondiente liquidación o resolución al presunto infractor. De lo contrario se produce la caducidad del ejercicio de la potestad sancionadora en el caso concreto, imposibilitando que pueda incoarse el procedimiento sancionador. Pero esta caducidad no tiene efectividad alguna una vez incoado el expediente, aunque no se haya notificado. De manera que existe una zona incontrolada de «tiempo muerto», en beneficio de la Administración, entre la incoación del expediente (ya no caduca la posibilidad de incoarlo) y su notificación al interesado.

establecido en el apartado 2 de este artículo sin que se haya notificado resolución expresa producirá la caducidad del procedimiento» (art. 211.4.I de la LGT).

Hay una salvedad: que el interesado preste su conformidad con la «propuesta de sanción». En tal caso, la resolución se entenderá dictada y notificada por el transcurso del plazo de un mes a contar desde el día siguiente a la fecha en que prestó la conformidad, sin necesidad de nueva notificación expresa al efecto (art. 25.7 del RD 2063/2004).

3.ª El intento de notificación es suficiente a los efectos de fijar el día final de la caducidad. El artículo 104.2 de la LGT (al que expresamente se remite el 211.2, último inciso), dice así:

> A los solos efectos de entender cumplida la obligación de notificar dentro del plazo máximo de duración de los procedimientos, será suficiente acreditar que se ha realizado un intento de notificación que contenga el texto íntegro de la resolución[68].

4.ª No se incluirán en el cómputo del plazo de caducidad los períodos de interrupción justificada que se especifiquen reglamentariamente, tampoco las dilaciones en el procedimiento por causa no imputable a la Administración tributaria ni los períodos de suspensión del plazo que se produzcan conforme a lo previsto en la Ley General Tributaria (apartado 2 del art. 104, por remisión del art. 211.2, último inciso, de la LGT).

5.ª La declaración de caducidad impedirá la iniciación de un nuevo procedimiento sancionador, independientemente de si la infracción hubiera prescrito o no (art. 211.4.II de la LGT). Esta norma rompe con la característica general de la caducidad, según la cual el procedimiento caducado no impide la iniciación de otro procedimiento por los mismos hechos, si no ha transcurrido el plazo de prescripción [arts. 25.1.*b)* y 95 de la LPAC].

---

68. Viene a ser casi idéntico al texto del artículo 58.4 de la LRJPAC, que fue interpretado en interés de ley por la STS (Sala 3.ª, sección 3.ª) de 17 de noviembre de 2003 (RJ 2004\597). Más tarde, las SSTS (Sala 3.ª, sección 5.ª) de 7 de octubre de 2011 (RJ 2011\7584) y (Sala 3.ª, sección 4.ª) de 28 de junio de 2013 (RJ 2013\6021) confirmaron la interpretación de aquel precepto; y, finalmente, la STS (Sala 3.ª, Pleno) de 3 de diciembre de 2013 (JUR 2014\8853) la perfiló, rectificándola parcialmente.

Aquí estamos ante lo que se ha denominado caducidad «extintiva»[69]. La Administración tributaria solo dispone de una oportunidad para ejercitar la potestad sancionadora en el caso concreto. Si la desaprovecha por exceder el plazo máximo en que debe notificar la resolución definitiva, ya no tendrá posibilidad alguna de perseguir al presunto infractor por esa específica infracción. En esta materia, la caducidad del procedimiento implica también la definitiva caducidad del ejercicio de la potestad sancionadora respecto del ilícito perseguido.

Esta particular solución del régimen tributario debería generalizarse mediante disposición legal a todos los procedimientos sancionadores[70]. Son muchas las voces que se han alzado para defender esa generalización de manera que, tras la caducidad, no se pueda abrir, en ningún caso, un nuevo expediente sancionador por los mismos hechos[71].

69. En palabras de Susana Aníbarro Pérez y Begoña Sesma Sánchez, «La potestad sancionadora», en ob. cit., págs. 961 (nota 379), 980 y 981.

70. Tal y como expone Francisco García Gómez de Mercado, no son convenientes estas diferencias con el régimen común, de manera que, si lo previsto en la LGT constituye una mejor solución en el balance entre la eficacia administrativa y la garantía del administrado, debería adoptarse con carácter general. Véase «El procedimiento sancionador en materia tributaria», en *Estudios sobre la nueva Ley General Tributaria. Homenaje a D. Pedro Luis Serrera Contreras,* dirigidos por Antonio Martínez Lafuente, Instituto de Estudios Fiscales (Ministerio de Economía y Hacienda), Madrid, 2004, pág. 877.

71. Lo veremos en el epígrafe «Reapertura de nuevo expediente sancionador por los mismos hechos» (cap. IV, 2.A).

CAPÍTULO II

AUTOMATISMO Y OBJETIVACIÓN DE LA CADUCIDAD

SUMARIO: 1. SE PRODUCE *OPE LEGIS*. A) Supresión del otrora plazo de gracia de 30 días. *a) La equívoca redacción originaria de la Ley 30/1992. b) La clarificación de la Ley 4/1999.* B) No es exigible denunciar la mora. *a) La situación legal y jurisprudencial durante la vigencia de la LPA de 1958. b) La situación tras la vigencia de la Ley 30/1992. c) La situación tras la reforma operada por la Ley 4/1999. d) La situación actual con la Ley 39/2015.* C) No es preciso constatar dejación alguna por parte de la Administración. 2. APRECIACIÓN DE OFICIO. A) En sede administrativa. *a) Obligación de resolver y naturaleza declarativa de la resolución «certificante» de la caducidad. b) No es posible declarar la caducidad después de dictar resolución sancionadora sin previamente revisar de oficio esta última. B) En sede jurisdiccional. a) No es una cuestión nueva. b) Audiencia de la Administración. c) Inexistencia de resolución final impugnable: es preciso pedir la declaración de caducidad a la Administración antes de acudir a la vía judicial.*

Los tribunales han dejado claro que la caducidad de los procedimientos sancionadores «constituye un mandato imperativo del legislador»[72], que «opera automáticamente»[73] «por el mero transcurso del tiempo y como proyección de la seguridad jurídica»[74]. Todo ello lo examinaremos seguidamente con mayor detenimiento.

---

72. SSTSJ de Cataluña núms. 513/2006, de 9 de junio (rec. 97/2005) (RJCA 2006\919) y 416/2006, de 5 de mayo (rec. 85/2005) (JUR 2007\4023).
73. SSAN (sección 1.ª) de 2 diciembre 2010 (rec. 759/2009) (JUR 2010\416663) y 12 de abril de 2012 (rec. 189/2010) (JUR 2012\148320).
74. STS (Sala 3.ª) de 16 de marzo de 2012 (rec. 103/2009) (RJ 2012\7644) y 28 de junio de 2013 (rec. 601/2011) (RJ 2013\6021).

1. SE PRODUCE *OPE LEGIS*

La perención se vincula exclusivamente a un hecho objetivo: el incumplimiento por la Administración de su obligación de notificar en plazo la resolución expresa del procedimiento (art. 25 de la LPAC). No puede extrañar, por tanto, que la caducidad de los procedimientos sancionadores se produzca automáticamente, *ope legis* [art. 25.1.*b)* de la LPAC], por el simple vencimiento del plazo máximo establecido para dictar y notificar la resolución sancionadora[75]. Desde ese mismo momento, la caducidad surtirá efectos jurídicos[76] sin necesidad de otros requisitos añadidos, tales como:

- ✓ La solicitud del interesado[77].
- ✓ El transcurso del plazo de gracia de 30 días de la versión original de la LRJPAC.
- ✓ Interpelar previamente a la Administración a propósito del agotamiento del plazo de caducidad.
- ✓ Constatar dejación por parte de la Administración.

A) Supresión del otrora plazo de gracia de 30 días

a) La equívoca redacción originaria de la Ley 30/1992

En su redacción originaria, el artículo 43.4 de la LRJPAC disponía, en lo atinente a los expedientes sancionadores, que «se entenderán caducados y se procederá al archivo de

---

75. *Cf.* Juan Alfonso SANTAMARÍA PASTOR, «Caducidad del procedimiento (art. 44.2 LRJAP)», cit., pág. 23.

76. Como afirma la STS (Sala 3.ª) de 20 de octubre de 1987 (fj 2), «el dato fundamental que puede hacer operar este instituto procesal es el de las fechas ciertas que permitan establecer el término inicial y final en el cómputo del plazo». Ponente: Excmo. Sr. Ruiz Pérez (RJ 1987\8678).

77. Así se reconocía ya antes de la Ley 39/2015. Véanse las SSTSJ de Murcia (sección 2.ª) de 12 de julio de 2000 (rec. 68/2000) (RJCA 2000\1792), 14 de marzo de 2001 (rec. 8/1998) (RJCA 2001\350) y 28 de marzo de 2001 (rec. 395/1998) (RJCA 2001\352); o las del TSJ de Extremadura (sección 1.ª) núms. 764/2006, de 21 de septiembre (rec. 727/2004) (JUR 2006\257737); 1048/2006, de 21 de noviembre (rec. 667/2004) (JUR 2006\292973); o 1163/2006, de 13 de diciembre (rec. 3/2005) (RJCA 2007\82).

las actuaciones... en el plazo de treinta días desde el vencimiento del plazo en que debió ser dictada». El equívoco tenor del precepto ofrecía varias lecturas[78].

Algunos autores entendieron, no sin cierta resignación, que se trataba de una prórroga o un período de gracia. Treinta días más que se otorgaban a la Administración para resolver, antes de tener por caducado el procedimiento. A título de ejemplo, HERNÁNDEZ GONZÁLEZ consideró «incomprensible»[79] otorgar a la Administración un plus de treinta días para resolver, sumado al plazo de resolución del procedimiento. Y acepta con desgana que «en la medida que lo establece el legislador, hay que decir que la resolución extemporánea en los procedimientos de gravamen o limitativos es válida en tanto no transcurran treinta días a partir del vencimiento del plazo de resolución». Por su parte, CABALLERO SÁNCHEZ tildó de «absurda»[80] la prolongación del período hábil de tramitación en treinta días más, cuando se había realizado tanto esfuerzo para fijar reglamentariamente la duración de cada procedimiento.

Así pues, para un sector de la doctrina, el incumplimiento del deber de resolver y notificar en plazo no producía automáticamente la perención. Solo tenía lugar una vez transcurrido el período adicional de treinta días, que llegó a considerarse como el verdadero plazo de caducidad, distinguiéndolo así del plazo máximo para dictar y notificar la resolución del procedimiento[81]. Abundando en esta idea, se dijo[82]:

> Con la redacción originaria de la ley, esta prórroga constituía el auténtico plazo de perención, que sólo comenzaba al término del período

---

78. Rafael CABALLERO SÁNCHEZ, *Prescripción y caducidad...*, ob. cit., págs. 225-226, considera «enigmática» la referencia del artículo 43.4 al «plazo de treinta días» y critica su «defectuosa redacción y lo cuestionable de la técnica». Por su parte, Marcos GÓMEZ PUENTE, *La inactividad de la Administración*, Aranzadi, Elcano (Navarra), 1997, págs. 545 y ss., señala que el artículo 43.4 «tiene una redacción asaz ambigua que impide saber con plena certeza cómo se produce la perención».

79. Francisco L. HERNÁNDEZ GONZÁLEZ, *La caducidad del procedimiento...*, ob. cit., págs. 305-307.

80. Rafael CABALLERO SÁNCHEZ, *Prescripción y caducidad...*, ob. cit., págs. 225-226.

81. Así, Vicenç AGUADO I CUDOLÀ, *Prescripción y caducidad...*, ob. cit., pág. 55.

82. Rafael CABALLERO SÁNCHEZ, *Prescripción y caducidad...*, ob. cit., pág. 227.

máximo de tramitación de un procedimiento concreto. Tal límite era únicamente la condición o requisito esencial para que la perención pudiese echar a correr. De esta forma, se proporcionaba cierta homogeneidad al instituto de la perención, que sería un plazo fijo que transcurre tras el término temporal propio de cada especie procedimental.

Entre la jurisprudencia, es botón de muestra de esta tesis la STS (Sala 3.ª, sección 5.ª) de 2 de marzo de 2004[83]:

Quinto. [...] tal precepto [art. 43.4 de la Ley 30/1992] exigía, hasta su modificación por la Ley 4/1999, para poder aplicar la caducidad que en el mismo se establece [...] el doble transcurso, sin notificación de resolución expresa, del plazo establecido para resolver (específica o supletoriamente), y del plazo de treinta días a contar desde el vencimiento del anterior[84].

También hubo quienes abogaron por defender que en ese plazo de treinta días la única resolución posible que le cabía dictar a la Administración era declarar la caducidad del expediente y proceder al archivo sin resolver el fondo del asunto[85]. Así se pronunció la STS (Sala 3.ª, sección 4.ª)

---

83. Ponente: Excmo. Sr. Fernández Valverde. Recurso 3772/2001 (RJ 2004\2493). En el mismo sentido puede verse, por ejemplo, la STS (Sala 3.ª, sección 6.ª) de 24 de octubre de 2000 (RJ 2000\9375): «El plazo para dictar resolución será el de seis meses de acuerdo con el artículo 20.6 del Reglamento aprobado por Real Decreto 1398/1993, de 4 de agosto, más un mes para la caducidad a partir de entonces». Y también la STS (Sala 3.ª, sección 7.ª) de 3 de julio de 2006 (RJ 2006\3756): «los plazos determinantes de la caducidad –el de seis meses señalado en el artículo 20.6 del Real Decreto 1398/1993 y el adicional de treinta días previsto en el artículo 43.4 de la Ley 30/1992 (redacción originaria)– ya habían transcurrido con exceso...».

84. Los mismos términos se pueden leer, entre otras muchas, en las SSTS (Sala 3.ª, sección 5.ª) de 10 de marzo de 2004 (rec. 3252/2001) (RJ 2004\3165), 12 de noviembre de 2004 (rec. 2668/2002) (RJ 2005\5660), 19 de julio de 2005 (rec. 1036/2002) (RJ 2005\6672), 22 de julio de 2005 (rec. 006/2002) (RJ 2005\6675), 4 de enero de 2007 (rec. 5619/2003) (RJ 2007\8344), 18 de febrero de 2009 (rec. 10844/2004) (RJ 2009\1802), 23 de octubre de 2009 (rec. 5298/2005) (RJ 2010\1194) y 2 de junio de 2011 (rec. 2134/2007) (RJ 2011\5800).

85. Esta interpretación fue acogida por Luciano Parejo Alfonso, *Manual de Derecho Administrativo*, vol. I, con A. Jiménez Blanco y L. Ortega Álvarez, 5.ª ed., Ariel Derecho, Barcelona, 1998, pág. 602. Sostiene que el vencimiento del plazo máximo legal para resolver determina únicamente la posibilidad de entender caducado el procedimiento. Ahora bien, la «actualización» de la aludida posibilidad requiere una ulterior actividad, bien del propio órgano competente (actuando

de 3 de julio de 2006[86]: «el plazo de treinta días era un plazo del que se disponía para declarar expresamente la caducidad, y no un plazo adicional para resolver el procedimiento sancionador y notificar la resolución». Al fin y al cabo, la literalidad de la norma parecía estar fijando un plazo de treinta días para la declaración de la perención: «en el plazo de» no puede ser otra cosa que *«dentro del plazo de»*.

En consecuencia, cada procedimiento contaría con un período de tiempo para su desarrollo, transcurrido el cual, o *«vencido el cual»*, lo único procedente sería la declaración de la terminación anormal del mismo por perención; y, a tal fin, dispondría la Administración de treinta días[87]. Algunos tribunales hicieron suya esta posición doctrinal, como se puede ver en los siguientes ejemplos:

• Tribunal Superior de Justicia de la Comunidad Valenciana
Sentencia núm. 1011/1997, de 17 de noviembre[88]:

Segundo. [...] El artículo 43.4 de la Ley 30/1992 [...] debe interpretarse, de acuerdo con el carácter y efectos del instituto de la caducidad, en el sentido de que vencido el plazo en que debió ser dictada la resolución, se produce la caducidad, y la Administración en el plazo de treinta días, procederá al archivo de las actuaciones. Pues de lo contrario, se produciría una ampliación del plazo para resolver, en este caso, treinta días, no querido por la ley.

de oficio), bien a instancia de cualquier interesado (solicitando la declaración de caducidad); actividad que debe producirse dentro de los treinta días siguientes al vencimiento del plazo para resolver sobre el fondo y consiste en el dictado de una resolución, precisamente expresa, disponiendo el archivo de las actuaciones.

86. Ponente: Excmo. Sr. Baena del Alcázar. Recurso 424/2004 (RJ 2006\7064).

87. Véanse estos argumentos en Rafael CABALLERO SÁNCHEZ, *Prescripción y caducidad...*, ob. cit., págs. 225-226, aunque finalmente no se decantase por esta tesis interpretativa, sino por la posibilidad de que la Administración dictase resolución sobre el fondo del procedimiento en ese plazo de los treinta días adicionales (págs. 226-227).

88. Ponente: Ilmo. Sr. Lorente Almiñana. Recurso 4344/1995 (JT 1997\1408).

• Tribunal Superior de Justicia de Andalucía (sede en Málaga) Sentencia de 12 de julio de 2001[89]:

Tercero. [...] También plantea la letrada de la Junta de Andalucía la necesidad de que se produzca el transcurso de los treinta días siguientes al plazo de seis meses fijado en el artículo 43.4 de la redacción originaria de la Ley 30/1992, y se dicte la resolución declarando el archivo de las actuaciones, bien a instancia de parte, bien de oficio. La interpretación que debemos dar a este precepto en la redacción originaria no puede ser la de extender el plazo para resolver a seis meses más treinta días. En primer lugar, porque no lo dice así la ley, sino que se otorga un plazo de treinta días para que se emita una única resolución posible, la que declara la caducidad y ordena el archivo de las actuaciones. En esos treinta días no puede producirse una resolución expresa tardía por impedirlo el régimen establecido en el propio artículo 43 que, con carácter general, regula la figura del acto presunto.

b) La clarificación de la Ley 4/1999

La polémica se zanjó con la reforma operada por la Ley 4/1999, que suprimió los treinta días a que se refería la inicial redacción del artículo 43.4 de la Ley 30/1992. SANTAMARÍA PASTOR narra este episodio con cierta sorna[90]:

> [...] El legislador optó, con infrecuente arrojo, por eliminar el exótico estrambote o plazo de gracia de treinta días que estableció la redacción original del artículo 43.4, según el cual la caducidad sólo tenía lugar una vez transcurrido el plazo de resolución del procedimiento más treinta días; un respiro que carecía de toda justificación (si el plazo máximo de resolución es el que sea, no tenía sentido que la caducidad se postergase treinta días más en el tiempo).

El Tribunal Supremo pronto reconoció esta novedad: que el *dies ad quem* (día final) del plazo de caducidad era, a partir de entonces, el de la notificación de la resolución del expediente, sin plazos añadidos. Aunque con referencia al procedimiento sancionador en el orden social, la STS (Sala 3.ª, sección 4.ª) de 12 de noviembre de 2001[91] llegó a esta conclusión:

89. Ponente: Ilmo. Sr. García Bernaldo de Quirós. Recurso 1649/1996 (RJCA 2002\2).

90. Juan Alfonso SANTAMARÍA PASTOR, «Caducidad del procedimiento (art. 44.2 LRJAP)», cit., págs. 23-24.

91. Ponente: Excmo. Sr. Xiol Ríos. Recurso 256/2000 (RJ 2002\7789).

Noveno. Suprimido el plazo de treinta días, adicional al de seis meses, que establecía la Ley de Régimen Jurídico de las Administraciones Públicas y del Procedimiento Administrativo Común antes de la modificación introducida por la Ley 4/1999, la falta de norma expresa al efecto determina que, por aplicación subsidiaria del nuevo artículo 44.2 de la Ley de Régimen Jurídico de las Administraciones Públicas y del Procedimiento Administrativo Común, el *dies ad quem* (día final) del plazo de caducidad sea el de la notificación de la resolución del expediente[92].

Pese a la nítida erradicación de este plazo de gracia a partir de la reforma operada por la Ley 4/1999, catorce años después el TSJ de Castilla y León (sede en Valladolid, sección 1.ª) hubo de recordárselo a la Abogacía del Estado en la sentencia núm. 1817/2013, de 28 de octubre[93]:

Primero. [...] No es de recibo el argumento que esgrime la Abogacía del Estado, según el cual el procedimiento no está caducado porque se dicta la resolución sancionadora y tiene fecha de registro de salida dentro de plazo y porque, con arreglo a la sentencia dictada por la Sala el 21 de enero de 2003 en el procedimiento ordinario núm. 2023/1997, al plazo máximo de un año para resolver se ha de añadir el de treinta días contemplado en el artículo 43.4 de la Ley 30/1992.

La Sala aplicó el artículo 43.4 de la Ley 30/1992 en la sentencia mencionada con arreglo a su redacción original —el recurso era de 1997— y no es trasladable lo en ella dicho a este recurso desde el momento en que se modificó la redacción del precepto por la Ley 4/1999, en la que, además, se exige que la notificación de la resolución se produzca dentro del plazo máximo previsto en la ley para resolver con el fin de evitar la caducidad del procedimiento.

La cuestión del plazo de los treinta días de gracia para que se produjera la caducidad del procedimiento sancionador fue totalmente superada a partir de la Ley 4/1999. No obstante, como bien advierte Santamaría Pastor, «los errores legislativos dejan huellas difíciles de borrar»[94]. De

92. Este mismo argumento se reproduce en las SSTS (Sala 3.ª, sección 4.ª) de 21 de julio de 2004 (rec. 74/2003) (RJ 2004\5569) y 24 de octubre de 2007 (rec. 174/2006) (RJ 2007\7497).

93. Ponente: Ilma. Sra. Martínez Olalla. Recurso 344/2010 (JUR 2013\360697).

94. Juan Alfonso Santamaría Pastor, «Caducidad del procedimiento (art. 44.2 LRJAP)», cit., pág. 24.

ahí que durante bastantes años después aún podía encontrarse alguna normativa que reproducía aquel plazo de gracia, el cual debía entenderse derogado con arreglo a la disposición transitoria primera de la Ley 4/1999[95]. Así sucedió, por ejemplo, con el artículo 20.6 del RPS pues, ya sin vigor alguno, mantuvo hasta su derogación que, transcurrido el plazo para resolver, se iniciaba «el cómputo del plazo de caducidad establecido en el artículo 43.4 de la LRJPAC», es decir, el de los antiguos treinta días de prórroga.

B) No es exigible denunciar la mora

a) La situación legal y jurisprudencial durante la vigencia de la LPA de 1958

La LPA de 1958 solo contemplaba la perención por causas imputables al interesado (art. 99.1); eso sí, a partir de la reforma de 1963, se introdujo como garantía la exigencia de advertir al interesado sobre la paralización del procedimiento con tres meses de antelación a que se produjese su caducidad. En consecuencia, la caducidad del procedimiento a causa de la inactividad del interesado se desarrollaba en tres momentos sucesivos: paralización del expediente, advertencia previa al interesado y posterior inactividad durante tres meses.

---

95. Véase Juan Alfonso Santamaría Pastor, *ibidem,* quien escribe: «la previsión del plazo de gracia de treinta días que la versión original del artículo 43.4 estableció pasó a ser reproducida en diversas normas, legales y reglamentarias, reguladoras de procedimientos administrativos concretos, muchas de las cuales no han sido objeto de adaptación a la reforma de 1999. Sin embargo, este plazo de gracia ha de entenderse derogado en todo caso: así se deduce de la mera lógica (si las normas posteriores a la Ley de 1992 se limitaron a acoger una de sus reglas, parece inexcusable que la derogación de dicha regla en la norma matriz debe conllevar la de las normas derivadas), y lo confirma la disposición transitoria primera de la Ley 4/1999, la cual mantuvo en vigor las normas legales y reglamentarias dictadas en el proceso de adaptación de los procedimientos a la Ley de 1992, pero solo "en cuanto no se opongan a la presente ley"; es notorio que el plazo de gracia resulta radicalmente incompatible con la nueva regulación que el artículo 44 ha dado al instituto de la caducidad». De la misma opinión es Alfonso Sanz Clavijo, *La caducidad del procedimiento...*, ob. cit., págs. 204-205.

Fueron algunas normativas sectoriales en materia sancionadora las que, durante la vigencia de la LPA de 1958, incorporaron expresamente a su texto la figura de la perención por inactividad de la Administración[96], pero sin exigir requerimiento de ningún tipo[97]. Sin embargo, al interpretar estos preceptos sectoriales del ámbito sancionador conjuntamente con la LPA de 1958, hubo resoluciones del Tribunal Supremo que aplicaron el mecanismo de la advertencia previa a la Administración. Las razones esgrimidas fueron la igualdad de trato y reciprocidad respecto de los procedimientos promovidos por el interesado y paralizados por causa a él imputable (art. 99.1). «La perención exige requerimiento previo a la Administración (por aplicación analógica de lo prevenido en el artículo 99 de la Ley de Procedimiento Administrativo para la extinción del procedimiento por inactividad del interesado)», decía la STS de 20 de diciembre de 1988[98].

Las SSTS (Sala 3.ª) de 22 de noviembre y 22 diciembre de 1988[99] contienen una apasionada reivindicación de la igualdad de trato entre la Administración y el administrado:

> *Tercero.* [...] No se puede hacer de peor condición a la Administración entendiendo que el simple transcurso del plazo, sin requerimiento expreso en tal sentido produce de manera automática la

96. Son ejemplo de ello el artículo 3 del Decreto 2530/1976, de 8 de octubre (prescripción de infracciones y caducidad del procedimiento en materia de disciplina del mercado); o el artículo 18 del RD 1945/1983, de 22 de junio (régimen sancionador en materia de defensa del consumidor y producción agroalimentaria), al que prestó cobertura la disposición final 2.ª de la Ley 26/1984, de 19 de julio (defensa de los consumidores y usuarios).

97. Sí se exige la denuncia de la mora para que el procedimiento caduque en el artículo 9.3 de la Ley 16/1985 (declaración de bienes de interés cultural), pero no se trata de un procedimiento sancionador.

98. Ponente: Excmo. Sr. González Navarro (RJ 1988\9988).

99. Ponente: Excmo. Sr. González Navarro (RJ 1988\9154 y RJ 1988\10221). Se trataba de procesos en materia de disciplina de mercado (Decreto reglamentario 2530/1976). La línea jurisprudencial recogida en esta sentencia fue objeto de una ardiente crítica por José María Fernández Pastrana, «Una sorprendente ampliación de los privilegios de la Administración invocando el principio de igualdad», en *Revista Española de Derecho Administrativo*, núm. 69, 1991, págs. 91 a 97.

perención. [...] Por tanto, para que se produzca la perención del procedimiento por acto de la Administración es necesario que se produzca un acto expreso de requerimiento dirigido en tal sentido a la Administración no pudiéndose admitir, porque ello rompería la coherencia del sistema jurídico-administrativo que la perención ofrece de manera automática. [...] La perención o «caducidad» del procedimiento además del transcurso de un plazo de seis meses a contar de la notificación de cada uno de los actos «definidores» del procedimiento sancionador, exige un requerimiento —a modo de denuncia de mora—, y el transcurso de un nuevo plazo -que, por coherencia con el artículo 99 de la Ley de 1958, tendrá que ser de tres meses- sin que la Administración impulse el trámite siguiente. Sólo entonces habrá perimido el procedimiento; sólo entonces podrá ser alegado por el particular; sólo entonces «tendrá» —no, simplemente, «podrá»— que ser aceptado por la Administración (art. 8.º). Es así como debe ser interpretado el mencionado Decreto de 1976, el cual sólo puede considerarse válido si se interpreta «conforme a la Ley de 17 de julio de 1958» (de la misma manera que, en un nivel superior de la escala jerárquica de las normas, una Ley ha de ser interpretada siempre «conforme a la Constitución»). Y como aquí no consta que el requerimiento —determinante del inicio del cómputo del plazo— se haya hecho, no puede entenderse perimido el procedimiento.

• Tribunal Supremo (Sala 3.ª, sección 2.ª)
Sentencia de 21 de febrero de 1991[100]:

Quinto. En cuanto a la caducidad del procedimiento sancionador por haber dilatado la administración el trámite del mismo, con una duración superior a los seis meses, la jurisprudencia más reciente viene exigiendo para que el efecto extintivo se produzca, la expresada interpelación de adverso en tal sentido y el transcurso de nuevo plazo de tres meses, pues se dota así de plena coherencia a la garantía correlativa concedida al administrado por el artículo 99 de la Ley de Procedimiento Administrativo cuando se paralice el expediente por causa que a éste fuera imputable.

El criterio no era, ni mucho menos, pacífico. Ya la STS (Sala 3.ª, sección 8.ª) de 7 de diciembre de 1989[101] se había negado a que la falta de impulso achacable al interesado pudiera dar al traste con la caducidad de la acción para perseguir las infracciones en materia de disciplina del mercado. Así, mien-

100. Ponente: Excmo. Sr. Llorente Calama (RJ 1991\1486).

101. Ponente: Excmo. Sr. Duret Abeleira (RJ 1989\8769).

tras que un sector de la jurisprudencia mantenía sin vacilar la exigencia del requerimiento del interesado a la Administración, otro, del que son claro ejemplo las SSTS (Sala 3.ª, sección 5.ª) de 26 de diciembre de 1989 y 30 de junio de 1990[102], se mostraba radicalmente en contra de las resoluciones del mismo tribunal que «introducen un requisito constituido por la interpelación o excitación del celo administrativo, por parte del administrado para que pueda producirse la caducidad o perención... no exigido por el precepto»:

> *Tercero.* [...] no hay por qué desvirtuar la genuina y característica esencia de la caducidad con el aditamento de un «plus» de exigencias o condiciones, por otra parte absurdo al consistir en que sea el propio beneficiado por el instituto legal extintivo de la acción sancionadora [...] quien haya de actuar con evidente efecto impeditivo del mismo.

En la misma línea, la STS (Sala 3.ª, sección 8.ª) de 10 de julio de 1990[103] analiza la caducidad del procedimiento por inactividad de la Administración, «sin que sea exigible, para producirse aquella, un requerimiento denunciando la inactividad o pasividad de la Administración por parte del interesado». Y la STS (Sala 3.ª, sección 3.ª) de 14 de junio de 1999[104], aplicando la LPA de 1958, sostiene que entre la perención de un procedimiento sancionador y la caducidad que contenía la norma del artículo 99 de la Ley de Procedimiento Administrativo «[no] existe una conexión o subordinación jurídica que haga necesaria, para la eficacia de la primera, la previa advertencia o requerimiento previsto en la segunda».

b) La situación tras la vigencia de la Ley 30/1992

La Ley 30/1992, al recoger en su texto la caducidad de los procedimientos sancionadores (art. 43.4 en la redacción originaria), no incluyó requerimiento alguno, en claro contraste con lo dispuesto para la caducidad de los procedimientos iniciados a solicitud del interesado (art. 92.1). Parecía evidente que el legislador había querido acabar con la polémica diferenciando los dos regímenes de caducidad procedimental, según se tra-

102. Ponente: Excmo. Sr. Reyes Monterreal (RJ 1989\9647 y RJ 1990\5759).
103. Ponente: Excmo. Sr. Hernando Santiago (RJ 1990\5846).
104. Ponente: Excmo. Sr. Menéndez Pérez. Recurso 13697/1991 (RJ 1999\4334).

tase de inactividad de la Administración o del interesado, exigiendo solo la denuncia de la mora en este último caso[105].

No obstante, en el artículo 43.4 de la Ley 30/1992 (en su redacción originaria) se podía leer que la declaración de caducidad y el archivo de las actuaciones procedía «a solicitud de cualquier interesado o de oficio». Esta referencia indujo a algunos autores a pensar que la caducidad del procedimiento exigía la previa intimación o requerimiento del interesado a la Administración[106].

Era una lectura significativamente escorada a favor de la eficacia administrativa y muy poco proclive a garantizar la seguridad jurídica y otros derechos del individuo. Aparte de otras razones en contra de aquella interpretación[107], conviene retener que durante la tramitación parlamentaria de la Ley 30/1992 se quiso introducir una enmienda recogiendo la necesidad de requerimiento previo a la Administración[108]:

> Cuando la paralización del procedimiento fuese imputable a la Administración, para que la caducidad del procedimiento pueda ope-

---

105. *Cf.* Francisco L. HERNÁNDEZ GONZÁLEZ, *La caducidad del procedimiento...*, ob. cit., pág. 61. Ello tiene su lógica, afirma este autor (pág. 333), «pues la Administración conoce —o, al menos, debe hacerlo— el derecho que aplica, por lo que no necesita ser informada de las consecuencias de su inactividad; mientras que no cabe presumir este conocimiento en el caso de los interesados».

106. Tenaz defensor de la exigencia de requerimiento previo a la Administración fue entonces Marcos GÓMEZ PUENTE, en su obra *La inactividad de la Administración*, cit. (ed. de 1997), págs. 545-548; y en su trabajo «Prescripción, caducidad y perención administrativas», art. cit., págs. 39-40. Aunque sin tanto entusiasmo como el anterior, Tomás Ramón FERNÁNDEZ RODRÍGUEZ, *Curso de Derecho Administrativo*, con Eduardo García de Enterría, tomo II, 4.ª ed., Civitas, Madrid, 1993, págs. 497-498, también entendió que era precisa la «solicitud del interesado como advertencia capaz de despertar de su letargo a la Administración, que de este modo podría evitar la caducidad»; opinión que mantuvo en la siguiente edición de 1998.

107. Hábilmente expuestas por Juan Alfonso SANTAMARÍA PASTOR, «Caducidad del procedimiento (art. 44.2 LRJAP)», cit., págs. 27-28 y nota 22; y Vicenç AGUADO I CUDOLÀ, *Prescripción y caducidad...*, ob. cit., págs. 52-54.

108. Enmiendas núms. 498 (*BOCG* de 7 de mayo de 1992, núm. 82-6) y 429 (*BOCG* de 16 de septiembre de 1992, núm. 85), de adición de un quinto párrafo al que finalmente fue el artículo 92, presentadas respectivamente en el Congreso y Senado por el Grupo Popular. La justificación era la siguiente: «La propuesta que se hace trata de suplir el vacío normativo existente en la actualidad, pues la ley sólo contempla el supuesto de caducidad del procedimiento imputable a la Administración.»

rar en beneficio del interesado será necesario que éste haya hecho ver a la Administración, mediante escrito presentado al efecto, que han transcurrido más de tres meses desde el último trámite realizado requiriéndole para que reanude la tramitación. Pasados quince días desde el requerimiento sin que haya sido atendido, el procedimiento se entenderá caducado.

La enmienda fue rechazada. Por lo tanto, resulta claro que el propio legislador descartó imponer tal exigencia para que se produjese la perención de los procedimientos sancionadores.

La jurisprudencia del Tribunal Supremo se ajustó al tenor de la nueva ley. Sirva como ejemplo la STS (Sala 3.ª, sección 2.ª) de 29 de enero de 1994[109] que, por un lado, distingue claramente los dos regímenes diferentes de caducidad establecidos por el legislador en la Ley 30/1992 (el del art. 92, para los procedimientos iniciados a solicitud del interesado y el del art. 43.4 para los procedimientos sancionadores); y, por otro, reconoce que la caducidad de estos últimos se produce de forma automática y sin requerimiento previo.

Pese a todo, siendo aplicable al caso la originaria redacción de la LRJPAC (arts. 43.4 y 92.1), alguna aislada resolución siguió exigiendo incomprensiblemente la denuncia de la mora por parte del inculpado en un procedimiento sancionador. Así, la STSJ de Cantabria de 18 de julio de 2000[110] sostuvo la necesidad de que, al igual que «cuando se paraliza un expediente por causa imputable al administrado, la Administración debe advertirle de que transcurridos tres meses se puede producir la caducidad del mismo con archivo de las actuaciones, a la inversa, es decir cuando la paralización sea imputable a la Administración, supuesto que hoy nos ocupa, es el particular quien debe correr con la carga de realizar dicha advertencia para que, una vez transcurrido el plazo previsto, se produzca la caducidad».

---

109. Ponente: Excmo. Sr. Rouanet Moscardó. Recurso 2341/1992 (RJ 1994\348).

110. Ponente: Ilma. Sra. Vegas Torres. Recurso 779/1999 (RJCA 2000\2191).

c) La situación tras la reforma operada por la Ley 4/1999

La polémica quedó vacía de contenido con la reforma operada por la Ley 4/1999. La nueva redacción dada al artículo 44 de la LRJPAC eliminó la mención del antiguo artículo 43.4 (de la Ley 30/1992, en su redacción originaria) relativa a que los procedimientos se entenderían caducados y se procedería al archivo de las actuaciones «a solicitud de cualquier interesado o de oficio»[111]. Ya no había duda alguna: la caducidad no exigía al inculpado el requisito de previa advertencia al órgano incumplidor; requisito que, por el contrario, sí imponía a la Administración cuando se tratase de la inactividad del interesado (art. 92.1 de la LRJPAC).

Pero es que, además, el artículo 92 de la LRJPAC regulaba los «requisitos» y los «efectos» de la caducidad. Y resulta que los términos del artículo 44.2 de la LRJPAC (según redacción dada por la Ley 4/1999) se remitían únicamente a «los efectos» previstos en el artículo 92; no a los «requisitos» de su apartado 1.º (que es donde se encuentra la previa advertencia administrativa de caducidad)[112]. El tema, pues, quedó zanjado[113]. Asimismo, en virtud de esta reforma, quedaron sin efecto aquellas normas legales y reglamentarias que establecían la necesidad de tal requerimiento o de trámites equivalentes[114].

---

111. Seguramente, tal y como observa Juan Alfonso SANTAMARÍA PASTOR, «Caducidad del procedimiento (art. 44.2 LRJAP)», cit., pág. 49, el legislador suprimió este sintagma «para evitar el posible equívoco de que la declaración de caducidad tuviera que ser instada por el interesado».

112. *Cf.* Vicenç AGUADO I CUDOLÀ, *Silencio administrativo e inactividad*, Marcial Pons, Madrid, 2001, pág. 295; ídem, *Prescripción y caducidad...*, ob. cit., pág. 55.

113. Sin perjuicio de que algún autor, como Marcos GÓMEZ PUENTE, pese a reconocer que el legislador de 1999 suprimió la exigencia de la intimación previa, siguió justificando la subordinación de la perención a una previa intimación o denuncia de mora ante la Administración. En su trabajo «Prescripción, caducidad y perención administrativas», art. cit., págs. 39-40, considera que el requisito de la previa intimación es «una exigencia de buena fe en las relaciones propias del tráfico administrativo»), y critica sin ambages su supresión por cuanto «con ello se resiente el interés público, aunque sea por la torpeza administrativa». Mantiene este mismo argumentarlo, con algunos añadidos, en *La inactividad de la Administración*, ob. cit. (ed. 2011), págs. 728 a 731. Una fundada crítica a este planteamiento puede verse en el trabajo de Juan Alfonso SANTAMARÍA PASTOR, «Caducidad del procedimiento (art. 44.2 LRJAP)», cit., págs. 27-28 y nota 22; y también Vicenç AGUADO I CUDOLÀ, *Silencio administrativo...*, ob. cit., págs. 293-295.

114. Así, Juan Alfonso SANTAMARÍA PASTOR, «Caducidad del procedimiento (art. 44.2 LRJAP)», cit., pág. 27, nota 20.

Se terminó, de una vez por todas, con la extravagante y rancia idea de que el inculpado en un procedimiento sancionador tuviera la obligación de advertir a la Administración que se le estaba agotando el plazo para sancionarle; «la única obligación y derecho del encausado es defenderse, no cooperar a su propia condena»[115]. Aquella grotesca servidumbre fue certeramente calificada de «anacrónica e impropia de un sistema administrativo moderno»[116].

d) La situación actual con la Ley 39/2015

La vigente Ley 39/2015 mantiene el mismo criterio: no es preciso denunciar la mora en resolver. De conformidad con lo dispuesto en su artículo 25.1.*b)*, la caducidad del procedimiento sancionador se produce por el vencimiento del plazo máximo para resolver y notificar la resolución expresa, sin más requisitos.

Por el contrario, la caducidad en los procedimientos iniciados a instancia de parte exige que la Administración haya advertido previamente al interesado de la paralización del procedimiento, para que este pueda reactivarlo antes de que caduque (art. 95.1).

Además, la remisión del artículo 25.1.*b)* de la LPAC lo es exclusivamente a «los efectos» previstos en el artículo 95 (no interrupción de la prescripción y posibilidad de iniciar un nuevo procedimiento si no prescribió la infracción); pero no a los «requisitos» de su numeral 1.

La consagración de esta dualidad de tratamiento, según sean procedimientos iniciados de oficio o a instancia del interesado, está perfectamente justificada. En efecto, en los procedimientos iniciados de oficio, la profesionalidad y conocimientos que se presumen en los empleados públicos

115. Dijo entonces, con la elocuencia que le caracteriza, Juan Alfonso SANTAMARÍA PASTOR, «Caducidad del procedimiento (art. 44.2 LRJAP)», cit., pág. 28, nota 22. Puso, además, de relieve que en los procedimientos sancionadores «la tutela del interés público corresponde exclusivamente a la Administración, sin que sea razonable suponer que el particular encausado deba obligatoriamente coadyuvar a dicha tutela, como si la Administración fuera un menor de edad».

116. Rafael CABALLERO SÁNCHEZ, *Prescripción y caducidad...*, ob. cit., págs. 238. *Cf.* También Joaquín MESEGUER YEBRA, *La caducidad en el procedimiento administrativo sancionador*, Bosch, Barcelona, 2002, págs. 17-18.

hacen innecesario que el particular deba advertirles respecto del advenimiento de la caducidad; mientras que, en los procedimientos iniciados a instancia del interesado, la ignorancia o descuido que este pudiera sufrir explican la obligatoria advertencia previa por la Administración.

Por lo demás, no son de recibo regulaciones sectoriales exigiendo la denuncia de la mora, en los procedimientos sancionadores, frente a la caducidad automática. Lo ha puesto de relieve la STC 157/2019:

> 5.º [...] La denuncia de mora se opone a la regla de caducidad automática, y no puede considerarse un trámite complementario o compatible con esta, en el sentido acogido por la doctrina constitucional, según la cual las reglas del procedimiento administrativo común no excluyen la competencia autonómica para regular trámites de procedimiento administrativo especial (antes bien la presuponen), pero «condicionan su ejercicio a fin de promover el 'tratamiento asimismo común de los administrados ante todas las administraciones públicas' [SSTC 55/2018, fj 9 *b)*, y 227/1988, fj 27]» (STC 110/2018, de 17 de octubre, fj 3).
>
> Es precisamente la garantía del tratamiento común la que se ve comprometida por el régimen de denuncia de mora previsto en el precepto cuestionado. El legislador autonómico no se ha limitado a regular el plazo de un procedimiento especial en el ámbito de su competencia; ha regulado también los efectos de su incumplimiento, en contra del régimen vigente del procedimiento administrativo común, que contempla la caducidad automática. La exigencia de denuncia de mora da pie a que el incumplimiento del plazo máximo de terminación carezca de efecto alguno, pues si el interesado no denuncia la mora, el expediente quedará abierto indefinidamente, por más que se haya superado con creces el plazo de terminación. Impone con ello a los interesados una carga adicional que no están obligados a soportar, alterando la estructura diseñada por el Estado en ejercicio de la competencia exclusiva que le confiere el artículo 149.1.18 de la CE, y que desde luego no redunda en beneficio de los interesados.

C) No es preciso constatar dejación alguna por parte de la Administración

La caducidad del procedimiento surte efectos independientemente de si hubo inactividad o negligencia administrativa[117]. Viene exclusivamente ligada al simple transcurso del plazo fijado legalmente para resolver y notificar.

117. Véase Juan Alfonso SANTAMARÍA PASTOR, «Caducidad del procedimiento (art. 44.2 LRJAP)», cit., págs. 28-30.

Existe algún aislado pronunciamiento que exige, junto a la superación del plazo para tramitar, resolver y notificar la resolución del procedimiento, «una paralización absoluta del expediente carente de toda justificación, de modo que se revele una voluntad real y objetiva de abandonar el procedimiento sancionador» (STSJ de Cantabria de 18 de julio de 2000)[118]. En esta misma línea, el TSJ de las Islas Baleares, en su sentencia núm. 481/2007, de 29 de mayo[119], ha declarado:

> *Tercero.* [...] no puede apreciarse caducidad por el solo hecho del transcurso del tiempo, sino que es necesario además constatar la inactividad y dejadez de facultades para la Administración de las que se pueda inferir la renuncia al ejercicio de la potestad sancionadora y una perturbación del derecho a la tramitación del procedimiento sancionador sin dilaciones indebidas.

Voluntad de abandono, inactividad, dejación, renuncia al ejercicio de la potestad sancionadora son, todas ellas, circunstancias que ningún valor tienen para que opere la caducidad procedimental[120]. No importa cuál haya sido la presumible voluntad de la Administración o su diligencia en la tramitación; nada de ello tiene la menor influencia a la hora de declarar la caducidad del expediente. Hace ya décadas que la STS de 24 de marzo de 1986[121] prescindió «del criterio que hace radicar el fundamento de la caducidad en el procedimiento administrativo, en una presunción de la intención de abandono».

La única causa generadora de la caducidad es, sencilla y llanamente, la prolongación temporal del procedimiento más allá del plazo legalmente establecido. Basta objetivar el incumplimiento del deber de resolver y notificar en plazo, sin necesidad de entrar a valorar la voluntad ni la conducta de la Administración[122], para que el procedimiento caduque. En palabras de GÓMEZ PUENTE, «se trata de una imputación

118. Ponente: Ilma. Sra. Vegas Torres. Recurso 779/1999 (RJCA 2000\2191).

119. Ponente: Ilmo. Sr. Algora Hernando. Recurso 115/2007 (RJCA 2008\98).

120. *Cf.* Marcos GÓMEZ PUENTE, *La inactividad de la Administración*, ob. cit. (ed. 2011), pág. 701.

121. Ponente: Excmo. Sr. Gutiérrez de Juana (RJ 1986\2330).

122. Véase Alfonso SANZ CLAVIJO, *La caducidad del procedimiento...*, ob. cit., pág. 206.

legal, de carácter objetivo, a la que es indiferente el comportamiento subjetivo de la Administración. Tanto da, por consiguiente, que haya inactividad, como que la falta de resolución o paralización se deba a otras circunstancias, incluso ajenas a la organización administrativa»[123]. El Tribunal Supremo ha sido claro al respecto: «la caducidad opera y puede alegarse (y su no declaración, expresa o presunta, puede impugnarse) por el puro transcurso del plazo»[124].

• Tribunal Supremo (Sala 3.ª, sección 4.ª)
Sentencia de 28 de junio de 2013[125]:

> *Tercero.* [...] Esta forma de extinción del procedimiento que supone la caducidad se produce, por tanto, por el mero transcurso del tiempo y como proyección de la seguridad jurídica, cuando se han rebasado los plazos establecidos para dictar la resolución que ponga fin al procedimiento administrativo, en este caso, de carácter sancionador.

Sentado que la caducidad del procedimiento sancionador no requiere que la demora sea «imputable» a la Administración, lo que sí importa es la conducta del inculpado; esto es, hasta qué punto él es responsable de que la resolución no se haya dictado en plazo. Si tal responsabilidad puede serle achacable «se interrumpirá [*sic; rectius:* "suspenderá"] el cómputo del plazo para resolver y notificar la resolución» (art. 25.2 de la LPAC); es decir, no contará ese tiempo a efectos de la duración máxima del procedimiento.

---

123. Marcos GÓMEZ PUENTE, *La inactividad de la Administración*, ob. cit. (ed. 2011), pág. 701. En esta misma línea de objetivación de la caducidad se pronuncia Rafael CABALLERO SÁNCHEZ, *Prescripción y caducidad...*, ob. cit., pág. 169.

124. STS (Sala 3.ª, sección 5.ª) de 7 de febrero de 2008 (rec. 591/2004) (RJ 2008\1517). Así de contundente se muestra el Alto Tribunal, entre otras, en las sentencias de 15 de febrero de 2007 (recs. 10004/2003 y 10112/2003) (RJ 2007\3087 y 2007\2172); 19 de abril de 2007 (rec. 8477/2003) (RJ 2007\4279); 27 de septiembre de 2007 (recs. 9901/2003 y 2994/2004) (RJ 2007\5096 y 2007\5333); y en otras cuatro sentencias, todas ellas de fecha 19 de octubre de 2007 (recs. 3144/2004, 3424/2004, 3490/2004 y 2523/2004) (RJ 2007\7677, 2007\7678, 2007\7675 y 2007\7676).

125. Ponente: Excma. Sra. Teso Gamella. Recurso 601/2011 (RJ 2013\6021).

2. APRECIACIÓN DE OFICIO

La caducidad del procedimiento sancionador puede y debe apreciarse de oficio, tanto en sede administrativa como judicial, aunque no haya sido invocada por los intervinientes en el proceso[126]. Estando aún en vigor la LPA/1958, ya señalaba la STS (Sala 3.ª, sección 5.ª) de 20 de diciembre de 1989[127] que es «unánime la doctrina y la jurisprudencia en estimar que la caducidad opera de manera automática y es apreciable de oficio en cuanto es indicativa de la inactividad administrativa no imputable al administrado; institución que garantiza el principio de seguridad jurídica (art. 9.3 de la CE)»[128].

En efecto. Hemos visto que la caducidad opera automáticamente. Se produce *ex lege* por el mero transcurso del tiempo, de manera que su reconocimiento por la Administración tiene simple carácter declarativo. De ahí que la caducidad de los procedimientos sancionadores pueda y deba ser apreciada de oficio.

---

126. Entre la abundante «jurisprudencia menor» al respecto, pueden verse las sentencias de los Tribunales Superiores de Justicia de Andalucía (sede en Sevilla) de 13 de julio de 1999 (rec. 1594/1996) (RJCA 1999\3137) y 29 de mayo de 2001 (rec. 111/1998) (JUR 2001\245835), y (sede en Granada) núm. 2138/2003, de 21 de julio (rec. 3571/1997) (JUR 2003\241624); Castilla y León (sede en Valladolid) núm. 2254/2000, de 9 de diciembre (rec. 944/1996) (JUR 2001\85106) y (sede en Burgos) núm. 115/2013, de 5 de abril (rec. 292/2012) (JUR 2013\182109); Cataluña, núm. 808/2001, de 25 de junio (rec. 1943/1997) (JUR 2001\286378); Galicia, núm. 898/2013, de 5 de diciembre (rec. 4788/2012) (JUR 2014\28374); o Murcia, de 21 de junio de 2000 (rec. 619/1997) (RJCA 2000\1385), 2 de septiembre de 2000 (rec. 2797/1997) (RJCA 2000\1786), 14 de marzo de 2001 (rec. 8/1998) (RJCA 2001\350), 30 de marzo de 2001 (rec. 1161/1999) (JUR 2001\141528) y 30 de abril de 2001 (rec. 1124/1999) (JUR 2001\173400).

127. Ponente: Excmo. Sr. García Estartús (RJ 1989\9494).

128. También, por ejemplo, las SSTS de 20 de octubre de 1987 (RJ 1987\8678), 14 de octubre de 1997 (rec. 10019/1991) (RJ 1997\7052).

Sorprende, por tanto, la STS (Sala de lo Militar, sección 1.ª) de 29 de junio de 2011[129] cuando indica, *obiter dictum*, que «es equivocado afirmar que nos encontramos ante una cuestión de orden público, que puede ser apreciada sin precisar que sea alegada por las partes»:

> *Tercero.* [...] la Sala entiende que la caducidad sólo puede apreciarse a instancia de parte. Apreciable únicamente en términos de «justicia rogada» ya que al no impedir su apreciación la incoación de un nuevo procedimiento sancionador no puede sostenerse que necesariamente beneficie al expedientado, antes al contrario, pudiera perjudicarle la incoación de otro procedimiento disciplinario que la Administración inicie cuidando de depurar y no incurrir en posibles vicios jurídicos que, a juicio del expedientado, pudieran existir en el procedimiento que se declara caducado.

No compartimos este criterio, pese a reconocer su buena intención en cuanto pretende salvaguardar los motivos de impugnación que el inculpado pudiera tener de cara a invalidar la resolución de fondo del procedimiento caducado. Con la caducidad del procedimiento sancionador nos encontramos ante una cuestión de orden público, ajena por completo al poder dispositivo de las partes[130].

En efecto, la perención se produce, lo quieran o no la Administración y el expedientado, por el dato objetivo del transcurso del tiempo máximo legalmente establecido para resolver y notificar la resolución. Así lo ha querido el legislador, utilizando términos imperativos categóricos en el artículo 25.1.*b)* de la LPAC. Una vez generada *ex lege* la caducidad procedimental, el procedimiento expira sin resolución de fondo. Nada importa aquí la voluntad del expedientado, pues carece de derecho alguno a renunciar a la caducidad y a sus efectos. En consecuencia, no tiene justificación someter la caducidad al régimen de instancia de parte o justicia rogada.

---

129. Ponente: Excmo. Sr. Menchén Herreros. Recurso 21/2011 (RJ 2011\5686).

130. *Cf.* Juan Alfonso Santamaría Pastor, «Caducidad del procedimiento (art. 44.2 LRJAP)», cit., págs. 29-30.

A) En sede administrativa

a) Obligación de resolver y naturaleza declarativa de la resolución «certificante» de la caducidad

La Administración tiene siempre obligación de dictar resolución expresa en todos los procedimientos (art. 21.1 de la LPAC); también cuando haya vencido el plazo máximo para resolver (art. 25.1 de la LPAC) y se produzca la caducidad, ordenando en este caso el archivo de las actuaciones [art. 25.1.*b)* de la LPAC]. En estas circunstancias decae la obligación de resolver el fondo del asunto, pero subsiste la necesidad de dictar una resolución de carácter formal dando constancia del avatar extintivo del procedimiento. Así se exige por el artículo 21.1.II de la LPAC:

> En los casos de prescripción, renuncia del derecho, *caducidad del procedimiento* o desistimiento de la solicitud, así como de desaparición sobrevenida del objeto del procedimiento, *la resolución consistirá en la declaración de la circunstancia que concurra en cada caso, con indicación de los hechos producidos y las normas aplicables.* (La cursiva es nuestra).

La resolución administrativa que aprecie la caducidad del procedimiento sancionador no tiene carácter constitutivo o de condición de eficacia, sino únicamente declarativo, de mera constatación de tal extremo[131]. Es así porque, como se ha visto anteriormente, el efecto extintivo de la perención es automático: basta la mera inobservancia de la obligación de notificar temporáneamente la resolución sancionadora para que el procedimiento caduque por ministerio de la ley. Por ello, es la perención la que pone fin al procedimiento y no la resolución administrativa, que simplemente la certifica.

En resumidas cuentas, la Administración tiene la obligación de dictar exprofeso resolución apreciando la cadu-

131. *Cf.*, por ejemplo, Francisco L. HERNÁNDEZ GONZÁLEZ, *La caducidad del procedimiento...*, ob. cit., págs. 337-339; Marcos GÓMEZ PUENTE, *La inactividad de la Administración*, ob. cit. (ed. 2011), págs. 736-738; Alfonso SANZ CLAVIJO, *La caducidad del procedimiento...*, ob. cit., págs. 220-229; y Jorge MARTÍN LÓPEZ, «La sedicente caducidad...», art. cit., págs. 105-106.

cidad, pero con la única finalidad de dejar constancia de tal extremo. Si la Administración guarda silencio y no dicta de oficio la correspondiente resolución certificante o declarativa de la caducidad, el interesado puede exigirla en sede administrativa y seguidamente, si no obtiene respuesta o la misma es negativa, tendrá abierta la vía judicial para reclamar.

En efecto, el Tribunal Supremo considera directamente recurrible en sede judicial el silencio de la Administración ante la solicitud de que se declare y se certifique la caducidad del expediente administrativo: «La caducidad opera y puede alegarse (y su no declaración, expresa o presunta, puede impugnarse) por el puro transcurso del plazo. Si las cosas fueran de otro modo, y la Administración nunca dictara resolución expresa ni declarara la caducidad, el interesado no podría nunca acceder a los Tribunales de Justicia a fin de que estos la declararan, cosa que carecería de sentido»[132].

Como se ve, no hay que esperar a que se dicte la resolución sancionadora para esgrimir como motivo de impugnación la caducidad del procedimiento, tanto en sede administrativa como judicial. Ahora bien, no siempre será conveniente para el inculpado solicitar que se declare la caducidad mientras el tiempo siga corriendo sin que se haya dictado y notificado la resolución sancionadora. La mejor defensa deberá tener en cuenta dos consideraciones (véase el art. 95.3 de la LPAC):

i) Una, que, pese a la caducidad, la Administración puede reiniciar un nuevo procedimiento sancionador por la misma infracción si esta no hubiera prescrito.

ii) Y otra, que los procedimientos caducados no interrumpen

132. Véanse, por ejemplo, las SSTS (Sala 3.ª, sección 5.ª) de 27 de septiembre de 2007 (recs. 9901/2003 y 2994/2004) (RJ 2007\5096 y 2007\5333), 15 de octubre de 2007 (recs. 428/2004 y 860/2004) (RJ 2007\6499 y 2007\6458), 19 de diciembre de 2007 (rec. 1524/2004) (RJ 2008\1495), 14 de enero de 2008 (rec. 2114/2004) (RJ 2008\123), 31 de enero de 2008 (rec. 5258/2004) (RJ 2008\948) y 7 de febrero de 2008 (rec. 591/2004) (RJ 2008\1517).

Por eso, si el procedimiento puede considerarse caducado, pero la Administración no lo ha declarado, ni tampoco ha dictado y notificado resolución sancionadora, la mejor estrategia será dejar que siga pasando el tiempo y solo instar la caducidad una vez que el inculpado esté seguro de que su infracción ha prescrito, contando a tal efecto el tiempo de duración del procedimiento caducado.

b) No es posible declarar la caducidad después de dictar resolución sancionadora sin previamente revisar de oficio esta última

Una vez dictada resolución sancionadora expresa, la Administración no puede declarar la caducidad procedimental sin previamente revisar de oficio aquella resolución sancionadora y expulsarla del mundo jurídico. Está claro: no es posible que el procedimiento administrativo concluya por dos resoluciones diferentes —una sancionadora y otra de caducidad— permaneciendo ambas «vivas». Una de ellas, en este caso la previa resolución sancionadora, tiene que ser revocada para declarar después la caducidad del procedimiento. Y la revocación de sus propios actos solo puede ejercerse por la Administración a través de los procedimientos legalmente previstos para ello (arts. 106 y ss. de la LPAC), no siendo viable que una resolución sancionadora sea revisada y dejada sin efecto, sin más, por una declaración de caducidad de la misma Administración. Es lo que indica la STS (Sala 3.ª, sección 6.ª) de 23 de febrero de 2010[133]:

> *Tercero.* [...] La revisión de oficio de actos administrativos debe ajustarse a las modalidades previstas en los artículos 102 y siguientes de la LRJPAC *[hoy arts. 106 y ss. de la LPAC]* y efectuarse con respeto a los trámites establecidos para cada una de ellas. Revisar un acto administrativo por otro medio no es, como afirma la sentencia impugnada, ejercicio de la autotutela de la Administración, pues ésta no tiene más potestades que las contempladas en la ley. Además, permitir la revisión de oficio de actos administrativos por otros medios no sólo abriría la puerta a posibles abusos, sino que privaría al particular de las garantías que le brindan los artículos

133. Ponente: Excmo. Sr. Díez-Picazo Giménez. Recurso 5538/2006 (RJ 2010\1551).

102 y siguientes de la LRJPAC *[hoy arts. 106 y ss. de la LPAC]*. Baste pensar que, en el presente caso, la recurrente no fue oída acerca de la declaración de caducidad del procedimiento administrativo en que había recaído la resolución expresa cuya impugnación estaba *sub iudice*.

[...] revocar un acto es una manifestación de voluntad explícita de signo contrario a la que dio vida a aquél, mientras que declarar la caducidad de un procedimiento es una verificación de que ha expirado el plazo máximo establecido para resolver. Son decisiones distintas, cuyos efectos no son coincidentes. De aquí que, cuando un procedimiento administrativo ya ha concluido mediante resolución expresa, no cabe que vuelva a concluir mediante declaración de caducidad. Un mismo procedimiento administrativo no puede concluir dos veces, de dos modos distintos.

B) En sede jurisdiccional

También incumbe a los órganos judiciales la apreciación de oficio de la caducidad. Ahora bien, en sede judicial se suscitan algunas cuestiones que procede esclarecer:

1.ª Si la caducidad se alega por vez primera ante los tribunales, o si se hace después de formular la demanda, ¿es una cuestión nueva?, ¿supone desviación procesal?

2.ª Si la caducidad ni siquiera se alega en sede judicial por la parte interesada ¿puede el juez apreciarla directamente en sentencia?

3.ª Y, finalmente, si no se ha llegado a dictar resolución sancionadora y el procedimiento ha caducado, ¿es necesario instar la caducidad en vía administrativa antes de invocarla en vía judicial?

a) No es una cuestión nueva

La caducidad del expediente sancionador puede alegarse *ex novo* en sede jurisdiccional, aunque no se hubiera invocado antes en sede administrativa. No es una inadmisible cuestión nueva ni, por tanto, da lugar a desviación procesal. Tampoco es preciso que se haga valer necesariamente en la demanda. Puede alegarse también de modo eficaz en el acto de la vista del procedimiento abreviado, en el escrito de conclusiones del proceso ordinario o, incluso, por vez primera en los recursos judiciales, sin considerarse por ello que se ha producido una alteración o desviación procesal.

En efecto, no cabe confundir la pretensión suscitada ante la Administración y luego ante la jurisdicción, que determina objetivamente el ámbito del proceso y debe ser idéntica en uno y otro caso, con las razones jurídicas o motivos que se alegan como soporte de lo pretendido[134]. Estos últimos pueden distanciarse respecto de lo expresado en sede administrativa e incluso variar y ampliarse a lo largo del proceso. Alegar la caducidad del expediente sancionador después de formulada la demanda no supone alteración alguna de la cuestión litigiosa. No se alteran los hechos; la pretensión sigue siendo la misma: nulidad o anulación de la resolución sancionadora; y tampoco se modifica el acto administrativo impugnado.

Se trata más bien de un nuevo argumento, de un nuevo motivo o razón jurídica de impugnación, que se aduce como soporte de lo pretendido, pero que no comporta una nueva petición. Lo que se amplía son los motivos de impugnación, no las pretensiones, con apoyo normativo en los artículos 56.1 y 78.6 de la LJCA.

En efecto, el artículo 56.1 de la ley jurisdiccional administrativa autoriza al demandante para que, en justificación de las pretensiones deducidas, pueda alegar cuantos motivos procedan «hayan sido o no planteados ante la Administración». De ello se infiere que la alegación de la caducidad en sede judicial, aunque no hubiera sido expuesta en sede administrativa, incluido el recurso de alzada, es procesalmente correcta y en modo alguno constituye una desviación procesal. Y el artículo 78.6 permite que los motivos de la pretensión, expresados en el acto de la vista del procedimiento abreviado, no tengan necesariamente que coincidir con los expuestos en la demanda.

---

134. Es ilustrativa al respecto la STS (Sala 3.ª, sección 7.ª) de 28 de mayo de 2012. Ponente: Excmo. Sr. Conde Martín de Hijas. Recurso 3722/2011 (RJ 2012\7059).

Hace ya décadas que lo puso de relieve la STS (Sala 3.ª, sección 4.ª) de 20 de diciembre de 1999[135]. Decía entonces el Alto Tribunal, precisamente a propósito de la caducidad alegada por primera vez en el escrito de conclusiones finales, lo siguiente:

> *Segundo.* [...] Es importante resaltar, a los expresados efectos, que no cabe confundir la cuestión litigiosa, que determina objetivamente el ámbito del proceso, y los motivos o razones jurídicas que se alegan como soporte de lo pretendido, cuya variación o ampliación puede realizarse, porque una cosa es la petición y los supuestos de hechos que integran, en su esencia, la pretensión y otra la simple línea argumental o razonamiento empleado en justificación de lo pretendido en relación con el tema controvertido. Los dos componentes señalados pueden enmarcarse en el ámbito de los hechos y en el de la dialéctica y la lógica jurídica, circunstancia que explica la inalterabilidad que debe existir en el planteamiento y fijación de lo perteneciente al primer campo, especialmente en lo que se refiere al escrito de conclusiones y la mayor flexibilidad admitida en el segundo aspecto concerniente al estricto fundamento o razonamiento jurídico. O, dicho en otros términos, de la actuación conjunta de los artículos 42.1, 69 y 79 de la LJ (arts. 33, 56 y 65 de la LJCA) y del principio procesal de contradicción y de interdicción de la indefensión constitucionalmente garantizado en el artículo 24 de la CE resulta que la admisibilidad de una nueva argumentación jurídica incorporada en conclusiones sólo es admisible si no comporta una nueva petición o la introducción de elementos o datos fácticos que formen parte del contenido esencial de la pretensión y de los que, incluso, pudiera darse la eventual necesidad de actividad probatoria con un trámite o fase procesal precluida.

El Tribunal Constitucional ha venido a validar la tesis de que la caducidad, aun no habiendo sido alegada en sede administrativa, no es una cuestión nueva cuyo examen pueda negarse por los tribunales. La STC 58/2009 se enfrentó a un caso en el que la caducidad del expediente sancionador fue invocada, por primera vez, en la vista del juicio abreviado. El juzgado había rechazado examinarla al considerar que daba lugar a desviación procesal porque se trataba de una cuestión nueva, no planteada ni propuesta a la Administración con anterioridad. El Tribunal Constitucional concluye que la decisión del juzgado de no pronunciarse sobre la caducidad del expediente sancionador vulneró el derecho a la tutela judicial efectiva.

---

135. Ponente: Excmo. Sr. Fernández Montalvo. Recurso 429/1997 (RJ 1999\9630).

• Tribunal Constitucional
Sentencia núm. 58/2009:

4.º [...] El hecho de que la demandante de amparo alegara por primera la vez la caducidad del expediente sancionador en el acto de la vista no autoriza al órgano judicial a eludir, como sin embargo hizo, un pronunciamiento de fondo sobre el citado motivo de impugnación ni, menos aún, causa indefensión a la Administración demandada en el proceso *a quo*, como sugiere la sentencia impugnada. Hay algunos datos imposibles de pasar por alto y que son, desde luego, bien concluyentes al respecto:

a) En primer término resulta incontrovertible que, al alegar en el acto de la vista oral de su recurso contencioso-administrativo la caducidad del expediente sancionador, la mercantil recurrente no alteró sustancialmente los términos de su pretensión inicial, tal y como ésta quedó fijada en el escrito de demanda contenciosa o, ya antes, en las alegaciones formuladas en vía administrativa oponiéndose a la sanción anunciada en el acto de incoación del expediente, sino que se limitó a introducir un motivo nuevo de impugnación de la resolución administrativa recurrida.

Las actuaciones remitidas a este proceso constitucional ponen de relieve, en efecto, que no se ha producido en la vía judicial alteración alguna de los hechos controvertidos en la vía administrativa (infracción por la contratación de un inmigrante en situación ilegal); ni se ha alterado sustancialmente la pretensión deducida en el escrito inicial de demanda (anulación de la sanción impuesta); ni se ha modificado, en fin, el acto administrativo impugnado que delimita el objeto del proceso (la resolución sancionadora de la Delegación del Gobierno en la Comunidad de Madrid). No existe, por tanto, en contra de lo que afirma la sentencia recurrida, discordancia objetiva alguna entre lo discutido en la vía administrativa y lo interesado en vía jurisdiccional. Lo único que se ha producido en el curso del proceso contencioso-administrativo, concretamente en el acto de la vista oral, es la ampliación de los motivos jurídicos en los que la recurrente fundamentaba su pretensión anulatoria al añadir a la falta de motivación de la resolución administrativa, a la vulneración de la presunción de inocencia y a la indefensión aducidas en su escrito de demanda contenciosa la alegación relativa a la caducidad del expediente sancionador por el transcurso de más de seis meses desde su incoación hasta la notificación de su resolución.

b) En segundo lugar, esa actuación procesal de la recurrente está amparada en la literalidad tanto del artículo 56.1 de la LJCA, que permite alegar en la demanda cuantos motivos procedan para fundamentar las pretensiones deducidas, «hayan sido o no planteados ante la Administración», como en lo dispuesto en el artículo 78.6 de la LJCA, cuando establece que «la vista comenzará con exposición por el demandante de los fundamentos de lo que pida o [con] ratificación de los expuestos en la demanda», de modo que los motivos de su pretensión no tienen por qué coincidir forzosamente con los expuestos previamente en la demanda.

El Tribunal Constitucional deja sentado que alegar la caducidad por primera vez en el acto de la vista del procedimiento abreviado no altera los términos de la pretensión, sino que simplemente constituye un motivo más de impugnación. Y lo remata añadiendo que tal forma de actuar no es negligente ni genera indefensión a la Administración, porque la caducidad es un hecho («una circunstancia fáctica», dice literalmente) de fácil conocimiento y comprobación a la vista del expediente. Lo podemos leer en el mismo fundamento de derecho:

> *c)* En tercer lugar, el mencionado comportamiento procesal de la recurrente nada tiene de negligente, como sin embargo le ha reprochado el órgano judicial, puesto que, según con acierto pone de manifiesto el Ministerio Fiscal en sus alegaciones, con arreglo al esquema diseñado por la Ley de la jurisdicción contencioso-administrativa, y como quiera que en el procedimiento abreviado el recurso se inicia por demanda, nada tiene de extraño que la demandante, en el acto de la vista, y una vez que le fue puesto de manifiesto el expediente administrativo remitido por la Administración demandada, decidiera sumar a los motivos de impugnación ya razonados en su escrito de demanda la caducidad del expediente por transcurso del plazo legal para resolver. De hecho, así lo autoriza expresamente también el artículo 78.4 de la LJCA, cuando señala que «recibido el expediente administrativo, el juez lo remitirá al actor y a los interesados que se hubieren personado para que pueda hacer alegaciones en el acto de la vista».
>
> *d)* Finalmente, el que la mercantil recurrente alegara la caducidad en el acto de la vista y no antes en la vía administrativa nada tiene de irregular ni, menos aún, genera tampoco a la Administración ninguna situación de indefensión material, capaz de justificar su marginación en la resolución del recurso contencioso-administrativo interpuesto. De un lado porque, como certeramente ha advertido el Ministerio Fiscal, en el presente asunto, en el que la Administración había rebasado el plazo máximo para dictar y notificar la correspondiente resolución en apenas unos días, difícilmente la mercantil recurrente pudo denunciar la caducidad del expediente antes de recibir la notificación de la resolución. Como también es incontrovertible que, cuando lo hizo, ya nada cabía alegar ante la Administración al haber agotado la resolución dictada la vía administrativa y, en consecuencia, sólo permitía el acceso directo a la jurisdicción. Y concluyentemente, de otro, porque la caducidad es por definición una circunstancia fáctica perfectamente conocida o, en todo caso, de fácil comprobación para la Administración que, por lo mismo, hasta debe ser apreciada de oficio.

b) Audiencia de la Administración

Para apreciar de oficio la caducidad no alegada por la parte demandante y, al propio tiempo, salvaguardar el principio de contradicción, lo más adecuado sería dar audiencia a la Administración, bien planteando la «tesis» del artículo 33.2 de la LJCA[136] o bien en el trámite de vista o conclusiones al socaire de lo previsto en el artículo 65.2 de la LJCA[137]. Sin embargo, parece que el Tribunal Supremo considera que, aun prescindiendo de tales trámites, la contradicción no se ve vulnerada. Como afirma la STS (Sala 3.ª, sección 4.ª) de 2 de julio de 1997 (fj 2)[138], «la estimación, aun de oficio, de la caducidad de una acción sancionatoria, no rompe el principio de alegación de parte ni tampoco el de congruencia, constituyendo una de las posibilidades indiscutidas de actuación que se ofrece a los tribunales».

Entre los Tribunales Superiores de Justicia también encontramos pronunciamientos en pro de que la apreciación de oficio de la caducidad, aun sin oír previamente a la Administración, no vulnera los principios de audiencia y contradicción.

• Tribunal Superior de Justicia de Murcia (sección 2.ª)
Sentencia núm. 659/2000, de 12 de julio[139]:

Segundo. El hecho de que el juzgado haya apreciado la caducidad de oficio, no obstante no haber sido alegada por la parte recurrente en vía jurisdiccional (habiéndolo hecho solamente en vía administrativa), no determina que no haya respetado el principio de contradicción que rige el proceso, ni tampoco con ello ha originado indefensión en el

136. Dice este precepto: «Si el juez o tribunal, al dictar sentencia, estimare que la cuestión sometida a su conocimiento pudiera no haber sido apreciada debidamente por las partes, por existir en apariencia otros motivos susceptibles de fundar el recurso o la oposición, lo someterá a aquéllas mediante providencia en que, advirtiendo que no se prejuzga el fallo definitivo, los expondrá y concederá a los interesados un plazo común de diez días para que formulen las alegaciones que estimen oportunas, con suspensión del plazo para pronunciar el fallo. Contra la expresada providencia no cabrá recurso alguno».

137. Su tenor es el siguiente: «Cuando el juez o tribunal juzgue oportuno que en el acto de la vista o en las conclusiones se traten motivos relevantes para el fallo y distintos de los alegados, lo pondrá en conocimiento de las partes mediante providencia, dándoles plazo de diez días para ser oídas sobre ello. Contra esta providencia no cabrá recurso alguno».

138. Ponente: Excmo. Sr. Soto Vázquez. Recurso 10734/1991 (RJ 1997\5544).

139. Ponente: Ilmo. Sr. Sáez Domènech. Recurso 68/2000 (RJCA 2000\1792). Véase también, del mismo tribunal, la sentencia núm. 79/2001, de 14 de febrero (JUR 2001\88200).

ayuntamiento apelante, toda vez que al margen de que éste ha tenido oportunidad de hacer cuantas alegaciones ha tenido por conveniente en esta instancia, y que por economía procesal sería absurdo reponer el procedimiento al tiempo en que se cometió la falta, como ha tenido ocasión de señalar este tribunal en distintas ocasiones, la caducidad debe apreciarse de oficio por los órganos jurisdiccionales, aun en el supuesto mencionado de no haber sido alegada por las partes, teniendo en cuenta que constituye una cuestión procedimental de orden público y que la resolución administrativa a que se refiere el artículo 43.4 *[hoy 44.2]* de la Ley 30/1992, no tiene carácter constitutivo, sino meramente declarativo, produciéndose la caducidad, automáticamente, por ministerio de la ley *(ope legis)*, por el simple transcurso de los plazos establecidos, sin necesidad de solicitud del interesado.

• Tribunal Superior de Justicia de Andalucía
(sede en Granada, sección 2.ª)
Sentencia núm. 2138/2003, de 21 de julio[140]:

Segundo. Al hilo de la referida revisión del procedimiento administrativo y las actuaciones practicadas por la Administración hasta concluir en la resolución sancionadora, debemos plantearnos de oficio la posibilidad de que dicho procedimiento administrativo pueda considerarse caducado, y ello a pesar de que esta cuestión no se hubiese planteado en la demanda al no existir inconveniente para su apreciación de oficio por el tribunal, de acuerdo con la doctrina mantenida por el Tribunal Supremo en la sentencia de fecha 20 de diciembre de 1999, que al resolver si el tribunal podía tener por alegada la caducidad que se planteó únicamente en el escrito de conclusiones, establece el criterio de que «con independencia de la consideración que merezca desde la perspectiva de la cuestión nueva, no puede rechazarse, en el presente caso, el análisis de la referida caducidad; de una parte, por su naturaleza jurídica y por la regulación que de la misma hace la Ley 30/1992, de 26 de noviembre, en sus artículos 42 y 43, que obliga, incluso, a la Administración a apreciarla de oficio», ya que además esta cuestión puede afectar a la prescripción alegada.

Discrepante con estos planteamientos es la STS (Sala de lo Militar) de 29 de junio de 2011[141]. En un *obiter dictum* recri-

140. Ponente: Ilma. Sra. Torres Donaire. Recurso 3571/1997 (JUR 2003\241624).

141. Ponente: Excmo. Sr. Menchén Herreros. Recurso 21/2011 (RJ 2011\5686). Recuerda esta misma tesis en las sentencias de 12 de junio de 2015 (rec. 5/2015) (RJ 2016\2351) y 18 de septiembre de 2015 (rec. 53/2015) (RJ 2015\6573).

mina al Tribunal Militar Central que haya aplicado la caducidad del procedimiento de oficio, sin oír previamente a las partes con arreglo a lo dispuesto en el artículo 490 de la Ley Procesal Militar[142] (similar, en cuanto a su esencia, al art. 33.2 de la LJCA):

> *Tercero.* [...] La Sala estima que el Tribunal Militar Central debió actuar de otra forma. Si advirtió que podría ser de aplicación el artículo 65.1 de la repetida Ley 12/2007 *[caducidad del expediente disciplinario]*, debió hacer uso de lo dispuesto en el artículo 490 de la Ley Orgánica 2/1989, de 13 de abril, Procesal Militar, para evitar así que las partes quedaran al margen de una cuestión sobre la que después iba a resolver. Al no hacerlo así, impidió que las partes examinaran y alegaran, lo que a su derecho conviniera, sobre tal cuestión, privándoles de la oportunidad de pronunciarse incluso desde la perspectiva que finalmente resolvió el tribunal, es decir, privándoles de la oportunidad de alegar sobre la apreciación de oficio de la caducidad.

Sostiene esta sentencia que «es equivocado afirmar que nos encontramos ante una cuestión de orden público, que puede ser apreciada sin precisar que sea alegada por las partes»; reitera y remacha esta idea al señalar que «la caducidad sólo puede apreciarse a instancia de parte» y que es «apreciable únicamente en términos de justicia rogada». Ya dijimos *ut supra* que no compartimos este criterio. La caducidad se «producirá», dice el artículo 25.1.*b)* de la LPAC, por el vencimiento del plazo máximo para resolver y notificar la resolución sancionadora. Lo mismo se desprende de la lectura del artículo 65.1 de la LO 12/2007, al que se refiere la sentencia comentada, aplicable en materia de régimen disciplinario de la Guardia Civil. Nada hace pensar que, además del transcurso del tiempo, sea necesaria la petición del expedientado para que la caducidad opere y surta sus efectos. Por el contrario, opera automáticamente, *ope legis*, no es disponible por las partes, sino apreciable de oficio y sí es una cuestión de orden público[143] puesto que afecta a la seguridad jurídica.

---

142. Ley Procesal Militar (LO 2/1989). Artículo 490. *Cuestiones no incluidas en los escritos de demanda y contestación*: «En el acto de la vista o en los escritos de conclusiones no podrán plantearse cuestiones no suscitadas en los escritos de demanda y contestación. Cuando el tribunal juzgue oportuno que en el acto de la vista o en las conclusiones se traten cuestiones que no hayan sido planteadas en los escritos de las partes, lo pondrá en conocimiento de éstas, dictando oportunamente providencia al efecto, que deberá ser notificada con tres días de antelación».

143. Por ejemplo, STS (Sala 3.ª, sección 4.ª) de 24 de abril de 2012. Recurso 3734/2009 (RJ 2012\6231).

c) Inexistencia de resolución final impugnable: es preciso pedir la declaración de caducidad a la Administración antes de acudir a la vía judicial

A pesar de haber caducado el procedimiento, si la Administración continúa su tramitación o permanece inactiva (silencio) y no llega a dictar resolución sancionadora, no se puede acudir directamente, *per saltum*, a la vía judicial para invocar la caducidad del expediente. Es necesario haberla instado antes en sede administrativa. De no hacerlo así, obviando este previo trámite, lo procedente es inadmitir el recurso jurisdiccional.

En efecto, si no se ha resuelto el procedimiento sancionador y el mismo ha caducado, el afectado debe instar primero la caducidad en vía administrativa y, ante el silencio o la desestimación expresa de esta petición, tiene abierta la puerta para impetrar la tutela judicial[144]. Así lo ha establecido, por ejemplo, la STS (Sala 3.ª, sección 5.ª) de 30 de noviembre de 2005[145]:

> *Segundo.* [...] Esta Sala ya ha tenido ocasión de señalar que, si bien es cierto que la denegación por silencio de la solicitud de declaración de caducidad en sede administrativa sí es acto susceptible de impugnación judicial, tal solicitud (cuando la misma integra el único objeto del proceso), debe haberse instado en vía administrativa y no puede impetrarse por vez primera en la vía judicial.

---

144. Como bien advierte la STS (Sala 3.ª, sección 5.ª) de 20 septiembre 2007 (rec. 10073/2003) (RJ 2007\5491): la «desestimación por silencio da lugar a un acto administrativo perfectamente recurrible, que es el referente a si el expediente ha incurrido o no en caducidad». En la misma línea, entre otras, las SSTS (Sala 3.ª, sección 5.ª) de 18 de enero de 2005 (rec. 7195/2001) (RJ 2005\713), 13 de mayo de 2005 (rec. 2091/2002) (RJ 2005\4647), 12 de enero de 2006 (rec. 2063/2002) (RJ 2006\24), 17 de febrero de 2006 (rec. 4516/2002) (RJ 2006\602), 18 de enero de 2007 (rec. 9055/2003) (RJ 2007\1686), 15 de febrero de 2007 (rec. 10004/2003) (RJ 2007\3087), 22 de noviembre de 2007 (rec. 9322/2003) (RJ 2007\8405), 29 de noviembre de 2007 (recs. 1280/2004, 1825/2004 y 2125/2004) (RJ 2007\8953, RJ 2007\8954 y RJ 2007\8959), 30 de noviembre de 2007 (recs. 1773/2004 y 2913/2004) (RJ 2007\8963 y RJ 2007\8961), 19 de diciembre de 2007 (recs. 1524/2004, 3421/2004 y 4205/2004) (RJ 2008\1495, RJ 2008\1497 y RJ 2007\9151), 20 de diciembre de 2007 (rec. 1820/2004) (RJ 2007\9026), 14 de enero de 2008 (rec. 2114/2004) (RJ 2008\123), 31 de enero de 2008 (rec. 5258/2004) (RJ 2008\948) y 7 de febrero de 2008 (rec. 591/2004) (RJ 2008\1517).

145. Ponente: Excmo. Sr. Yagüe Gil. Recurso 5355/2003 (RJ 2005\10013).

Parece igualmente obligado recordar, para comprender la razón que asiste a la Sala de instancia, que en un procedimiento administrativo como el que nos ocupa (que se inicia de oficio y en el que se ejercitan potestades de intervención susceptibles de producir efectos desfavorables o de gravamen para el ciudadano), el vencimiento del plazo máximo establecido para resolver, sin que se haya dictado y notificado la resolución expresa, no produce como efecto el surgimiento por silencio de una resolución presunta; lo que produce es, en su caso, la caducidad del procedimiento, siendo suficiente el examen del artículo 44 de la Ley 30/1992, y en concreto su número 2, para comprender que ello es así pues según tal precepto los efectos del vencimiento del plazo son bien distintos de los que disciplina el artículo 43 del mismo cuerpo legal, en concreto en su apartado 3, pues mientras que en los procedimientos iniciados a instancia del interesado (los contemplados en el artículo 43 de la Ley 30/1992), el vencimiento del plazo de resolución permite a los interesados, en el caso de silencio negativo, la interposición del recurso administrativo o contencioso-administrativo, por el contrario en los procedimientos de naturaleza sancionadora y, en general, en todos aquellos de intervención susceptibles de producir efectos desfavorables e iniciados de oficio, el vencimiento del plazo de resolución el único efecto que produce no es el silencio (en el sentido del artículo 43.3), sino la caducidad del procedimiento que opera previa denuncia y su desestimación expresa o presunta, la cual abre ya la puerta al recurso contencioso-administrativo. Y en el caso presente no puede discutirse la naturaleza sancionadora del procedimiento que nos ocupa y por ende su cobijo en el artículo 44 de la LRJPAC y su exclusión del régimen contemplado en el artículo 43 del mismo cuerpo legal.

La idea de que «no puede pedirse en el proceso que se declare caducado un expediente sancionador sin pedirlo previamente a la Administración, en casos en que no existe resolución final impugnable», ha sido reiteradamente recogida por el Tribunal Supremo[146].

Por lo demás, el plazo para acudir a sede judicial, tras haber pedido la caducidad a la Administración sin obtener res-

146. Pueden verse las SSTS (Sala 3.ª, sección 5.ª) de 16 de noviembre de 2006 (RJ 2006\9397), 22 de diciembre de 2006 (RJ 2006\8185), 9 de febrero de 2007 (RJ 2007\1879), 15 de febrero de 2007 [tres sentencias: recursos 5013/2003 (RJ 2007\3086), 7071/2003 (RJ 2007\4591) y 7703/2003 (RJ 2007\2173)] y 31 de octubre de 2007 (RJ 2007\7721). De todas ellas fue ponente el Excmo. Sr. Yagüe Gil, salvo de la última, cuya ponencia correspondió al Excmo. Sr. Cancer Lalanne.

puesta, ha sido establecido por el Tribunal Supremo en quince días. La STS de 23 de noviembre de 2007[147] se enfrentó a un caso en el que, a los cuatro días de pedir a la Administración la declaración de caducidad del expediente, el interesado acudió a la vía jurisdiccional. El Alto Tribunal, tras constatar el vacío normativo al respecto, consideró aplicable supletoriamente el plazo de quince días que tiene la Administración para emitir de oficio certificado de acto presunto (hoy recogido en el art. 24.4 de la LPAC). Lo razona de este modo:

> *Cuarto.* Por ello, ante tal vacío normativo resulta coherente con el sistema de revisión jurisdiccional de toda actuación administrativa el establecimiento de un plazo para que la Administración instructora del procedimiento sancionador pueda, de oficio o instancia de interesado, dictar la resolución prevista en el artículo 42.1.2.º párrafo de la LRJPAC —constatando, o no, la caducidad del procedimiento sancionador—, una vez transcurrido el plazo previsto para su conclusión (y consiguiente notificación), con el correspondiente archivo del expediente. La exigencia de tal plazo vendría, además, avalada por el propio procedimiento previsto para la actuación administrativa por cuanto a tal sistema de actuación no le puede ser exigible una resolución, certificación o simple archivo de actuaciones en la misma fecha en que se produce el inexorable cumplimiento del plazo de caducidad.
>
> En tal sentido, es la propia seguridad jurídica la que nos obliga a la determinación de un plazo durante el que la revisión jurisdiccional aún no resultaría posible, y el mismo hemos de encontrarlo en el de quince días previsto en el artículo 43.5 *in fine* de la LRJPAC *[hoy, art. 24.4 de la LPAC]* para que la Administración emita la certificación del acto presunto que (potestativamente, tras su reforma por la Ley 4/1999, de 13 de enero) le puede ser exigido por los administrados.
>
> En consecuencia, solo transcurrido dicho plazo de quince días —que fijamos con carácter supletorio— podría el interesado acceder temporalmente en forma adecuada a esta jurisdicción.
>
> Por ello, en principio, la precipitada venida de la parte recurrente a esta vía jurisdiccional, que, como sabemos, se ha producido apenas concluido el plazo para la resolución del procedimiento sancionador (y a los cuatro días de exigir tal resolución expresa a la Administración), ha impedido a los propios órganos que integran la Administración, el poder articular sus mecanismos de respuesta, imponiéndoles una revisión jurisdiccional sin tiempo material para ni siquiera poder encauzar procedimentalmente la respuesta expresa requerida. Es, por tanto, el propio funcionamiento interno de la Administración el que exige, en supuestos como el de autos, el establecimiento de un

147. Ponente: Excmo. Sr. Cancer Lalanne (RJ 2008\1422).

plazo —que, por las razones expresadas, hemos concretado en el de quince días— para poder articular razonablemente la obligada respuesta administrativa sobre la caducidad del procedimiento seguido.

CAPÍTULO III

EFICACIA DE LA CADUCIDAD EN EL TIEMPO Y MÁS ALLÁ DEL PROCEDIMIENTO SANCIONADOR

La caducidad no opera exclusivamente en el procedimiento sancionador en curso. Sus efectos pueden ir más allá y aplicarse retroactivamente; también pueden desaparecer a lo largo de la tramitación de los recursos administrativos; o, incluso, la aplicación de los plazos de caducidad puede tener una relevancia. ciertamente limitada, en sede de amparo constitucional. De todo ello trataremos seguidamente.

1. APLICACIÓN RETROACTIVA

La irretroactividad de las disposiciones sancionadoras desfavorables está garantizada por la Constitución (art. 9). Si una norma estableciera esta retroactividad prohibida sería nula de pleno derecho, tal y como establece el artículo 47.2 de la LPAC. Por el contrario, las disposiciones sancionadoras favorables al presunto infractor o al ya declarado infractor se aplicarán retroactivamente (art. 26.2 de la LPAC). En suma: prohibición de retroactividad *in peius* y aplicación de retroactividad *in melius.*

A) El carácter neutro del procedimiento y los plazos de caducidad

En el derecho sustantivo no suele ser difícil determinar si una nueva norma sancionadora es o no favorable al infractor, en comparación con la anteriormente vigente. En cambio, en la órbita procedimental, debido al carácter «neutro» que suele predicarse del procedimiento, se dice que no existen criterios válidos para determinarlo.

Por ello, está muy extendida la idea de que el carácter favorable o desfavorable de las normas solo es predicable, a efectos de retroactividad, de las sustantivas[148]; no respecto de las procedimentales[149]. Estas últimas, en abstracto, se consideran asépticas: «no son ni perjudiciales ni favorables para el interesado»[150]. Y, como tales, pueden tener carácter retroactivo. Así lo dijo la STSJ de Madrid (sección 9.ª) núm. 425/2006, de 14 de marzo[151]:

> *Segundo.* [...] La irretroactividad desfavorable que prohíbe el artículo 128.1 de la LRJPAC y el artículo 9.3 de la Constitución se atribuye a las normas sancionadoras de contenido sustantivo, entre las que se hallan las relativas a la prescripción de la infracción, pero no alcanza a las meramente procedimentales, inhábiles para afectar a situaciones agotadas o hechos consumados con anterioridad a su vigencia, por lo que, en abstracto, no son ni perjudiciales ni favorables para el interesado.

Partiendo de estas consideraciones, la jurisprudencia del Tribunal Supremo ha refrendado la posibilidad de que

---

148. Entre ellas, las normas tipificadoras de la infracción o de su sanción, así como de su extinción por cumplimiento o por prescripción.

149. En contra Francisco López Menudo, *El principio de irretroactividad de las normas jurídico-administrativas*, Ediciones del Instituto García Oviedo, Universidad de Sevilla, 1982, págs. 172 y ss.

150. Marcos Gómez Puente, «Prescripción, caducidad y perención administrativas», art. cit., pág. 29.

151. Ponente: Ilmo. Sr. Quesada Varea. Recurso 131/2002 (JUR 2006\231786).

el legislador ordene la aplicación retroactiva de la caducidad en el procedimiento sancionador. Botón de muestra es la STS (Sala 3.ª, sección 8.ª) de 5 de marzo de 1990[152]:

> *Primero.* [...] El artículo 9.3 de la Constitución afecta tan sólo a la irretroactividad de las disposiciones sancionadoras no favorables o restrictivas de los derechos individuales y las de que se trata se refieren, por el contrario, a normas de carácter, no ya procesal, sino procedimental, cuya aplicación retroactiva es posible en virtud de lo dispuesto en la disposición transitoria primera del Real Decreto 1945/83, de 22 de junio, puesto que la caducidad del procedimiento es materia que no se refiere a derechos subjetivos o de carácter sustantivo, sino que es una institución enmarcarla en el ámbito propio del procedimiento administrativo, de carácter neutro, y no parece que pueda ser considerada como una norma de derecho sancionador, cuya aplicación retroactiva es la que prohíbe el artículo 9.3 de la Constitución Española.

Con respaldo en este planteamiento, la STS (Sala 3.ª, sección 5.ª) de 5 de junio de 2007[153] otorgó eficacia a la ampliación legal de un plazo de caducidad que entró en vigor durante la tramitación del procedimiento sancionador y antes de su conclusión, pese a que nada había dispuesto al respecto el legislador. El Alto Tribunal afirmó que la aplicación de la nueva norma legal al procedimiento en tramitación no ofrecía dudas por las siguientes razones (fj 3):

1.ª Porque la misma no establecía disposición transitoria alguna en relación con los procedimientos en tramitación.

2.ª Porque una norma procedimental no puede considerarse limitadora o restrictiva de derechos.

3.ª Porque la norma en cuestión realmente no vino a establecer un nuevo plazo de caducidad para el procedimiento sancionador, sino a elevar el rango normativo de la norma reglamentaria donde dicho

---

152. Ponente: Excmo. Sr. Hernando Santiago (RJ 1990\1859). Lo mismo puede leerse en las SSTS (Sala 3.ª, sección 6.ª) de 26 de febrero de 1991 (RJ 1991\1089) y 9 de marzo de 1991 (RJ 1991\1806).

153. Ponente: Excmo. Sr. Fernández Valverde. Recurso 7616/2003 (RJ 2007\4827).

plazo de un año se establecía, para cumplir así con la exigencia contemplada en la disposición transitoria 1.ª, numeral 2, de la Ley 4/1999, en relación con el artículo 42.2 de la LRJPAC, tras su reforma[154].

Pese a lo expuesto, no parece adecuado el tratamiento que suele darse a esta problemática. Admitir como solución global y generalizada que, a las normas procedimentales, abstracción hecha de la materia sobre la que versen, no les es de aplicación la prohibición de la irretroactividad *in peius*, puede llevar, precisamente, a conculcar este principio[155].

La generalización del criterio de que el procedimiento debe regirse por la ley vigente en el momento de su tramitación debería ceder en ciertos casos, como son los plazos de caducidad del procedimiento sancionador. Ni su ampliación ni su reducción resultan indiferentes para el inculpado. No son

---

154. Para una mejor comprensión del argumento utilizado por el Tribunal Supremo conviene tener presentes los siguientes antecedentes legales del caso: 1) Al inicio del procedimiento sancionador la norma que regulaba el plazo de caducidad era el Reglamento del Dominio Público Hidráulico, señalando que «el plazo para resolver no excederá de un año, contado a partir de la incoación del expediente». 2) Al estar vigente en ese momento la reforma operada por la Ley 4/1999 en la LRJPAC de 1992, y de conformidad con lo previsto en su artículo 42.2 reformado, el plazo de caducidad no podía exceder de los seis meses, salvo que una norma con rango de ley estableciese uno mayor o así viniese previsto en la normativa comunitaria europea. 3) Por lo tanto, al iniciarse el expediente, el plazo de caducidad de un año, previsto reglamentariamente, debía entenderse reducido a los seis meses referidos en el citado artículo 42.2 de la LRJPAC, y así se disponía, además, en la disposición transitoria 1.ª, apartado 2, de la Ley 4/1999, al señalar que, cuando las normas reglamentarias preexistentes sobre caducidad hubieran establecido un plazo máximo de duración del procedimiento superior a los seis meses, «se entenderá que el plazo máximo para resolver y notificar la resolución será precisamente de seis meses...». 4) Sin embargo, durante la tramitación del expediente sancionador (meses después de incoado), se modificó la Ley de Aguas estableciendo -ahora en una norma con rango de ley- el plazo máximo de un año para resolver y notificar la resolución en los procedimientos sancionadores referentes al dominio público hidráulico.

155. Francisco López Menudo, *El principio de irretroactividad...*, ob. cit., págs. 172 y ss. En el ámbito sancionador, sostiene que la irretroactividad de las «disposiciones sancionadoras» afecta tanto a las normas sustantivas como adjetivas.

«neutros». Afectan, como apunta la profesora GALLARDO, a una «condición objetiva de sancionabilidad»[156]. Baste señalar que la excesiva duración del procedimiento tiene efectos liberatorios en cuanto da lugar al bloqueo del ejercicio de la potestad administrativa sancionadora y suma tiempo a la prescripción[157]. Está en juego la posibilidad de salir indemne del brazo sancionador de la Administración.

En esta línea se ha pronunciado, *obiter dictum*, la STS (Sala 3.ª, sección 4.ª) de 17 de enero de 2014[158], en tanto reconoce las consecuencias «favorables para el administrado concernido de la apreciación de caducidad», sobre todo cuando tiene efectos extintivos sobre el gravamen que pretenda imponer la Administración. Y es que, aunque por los mismos hechos se iniciase un nuevo procedimiento si no hubiera prescrito la infracción, el inculpado se encontraría en condiciones de defender sus posiciones en ese nuevo procedimiento con la ventaja de tener un mejor conocimiento de las firmezas y debilidades de sus anteriores estrategias y del criterio de la Administración, además de aplazar la decisión que pudiera serle desfavorable.

Hoy por hoy, la caducidad es una institución que garantiza a los ciudadanos la seguridad jurídica[159]. Cuando los plazos para resolver se amplían, su aplicación retroactiva

---

156. María Jesús GALLARDO CASTILLO, «El principio de irretroactividad en el derecho administrativo sancionador», en *El Consultor de los Ayuntamientos* y de los Juzgados, núms. 15-16, 2007, pág. 2589. En su opinión, la retroactividad resulta plenamente invocable cuando cambien los plazos de caducidad, bien acortándolos o bien modificando la fecha de iniciación del cómputo, de manera que la nueva regulación favorezca al presunto infractor, con los efectos de que el procedimiento pueda considerarse finiquitado. Ni el carácter adjetivo de la norma ni el hecho de carecer de contenido sustantivo constituyen óbice para que así pueda considerarse. Y, por lo mismo, si la normativa sobre la caducidad tiene un contenido más desfavorable para el administrado, resultará irretroactiva.

157. «Los procedimientos caducados no interrumpirán el plazo de prescripción» (art. 95.3 de la LPAC).

158. Ponente: Excmo. Sr. Trillo Torres. Recurso 7193/2010 (RJ 2014\619).

159. STS (Sala 3.ª, sección 5.ª) de 20 de diciembre de 1989. Ponente: Excmo. Sr. García Estartús (RJ 1989\9494).

perjudica el derecho del inculpado a que el procedimiento se archive por caducidad porque relega el plazo más corto determinado por la norma anterior.

Que el procedimiento sancionador es sinónimo de garantía lo asumió la STS (Sala 3.ª, sección 2.ª) de 7 de marzo de 1989[160]. Se discutía el día inicial en el cómputo de la caducidad por la confrontación de dos normas, pretendiendo aplicar retroactivamente la Administración la que más le convenía a ella en perjuicio del presunto infractor. El Tribunal Supremo dijo entonces:

> *Segundo.* El procedimiento es la garantía tanto de la Administración como de los administrados, de la aplicación de las normas sustantivas conforme a derecho, y revisable ante la jurisdicción; el cambiar el momento y circunstancias en que se ha de entender iniciado un expediente sancionador, sin intervención ni garantía alguna para el acusado de haber cometido una infracción sancionable, es una parte integrante e inseparable de la norma sancionadora, que influye de modo decisivo en una de las notas esenciales para que proceda, las condiciones objetivas de sancionabilidad; por lo tanto, ese cambio en la normativa reglamentaria, sin que sea objeto de este proceso examinar su legalidad, constituye disposición, integrante de la sancionadora, desfavorable para el administrado.

B) Regla general: *tempus regit factum*

Como regla, y ante el silencio del legislador acerca de la retroactividad de una nueva normativa sobre los plazos de caducidad, deberían aplicarse los vigentes al inicio del procedimiento en virtud del principio general *tempus regit factum*.

• Tribunal Superior de Justicia de Madrid (sección 9.ª)
Sentencia núm. 425/2006, de 14 de marzo[161]:

> *Segundo* [...] La caducidad alegada no afecta a la infracción, sino a la mera tramitación del procedimiento administrativo, de modo que la normativa aplicable, en virtud del principio general *tempus regit factum* (art. 2.3 del Código Civil), es la vigente en el momento de iniciación del procedimiento, con independencia del hecho que haya determinado su tramitación.

160. Ponente: Excmo. Sr. Falcón García (RJ 1989\1942).

161. Ponente: Ilmo. Sr. Quesada Varea. Recurso 131/2002 (JUR 2006\231786).

Este planteamiento es coherente con la regla común según la cual los procedimientos administrativos deben regirse por las normas vigentes en el momento de su iniciación [disposición transitoria 3.ª, literal *a)*, de la LPAC]; y, además, salvaguarda al presunto infractor del carácter desfavorable que para él tiene la norma que amplía el plazo máximo para resolver un procedimiento sancionador.

Comparte esta idea la STS (Sala 3.ª, sección 5.ª) de 18 de noviembre de 1991[162]. Expone el Alto Tribunal que, a la hora de determinar la incidencia de las modificaciones normativas procedimentales en aquellos expedientes que se encuentran en trámite, cabe un doble sistema:

A) El de la regulación aislada, de manera que cada acto del procedimiento haya de ajustarse a la norma vigente en el momento de su realización.

B) El de la regulación conjunta, en el que todo el procedimiento, considerado como una unidad, debe regirse por una sola ley.

Este último es el sistema establecido tradicionalmente por el legislador en las disposiciones transitorias de las distintas leyes de procedimiento administrativo común. Por él se decanta el Tribunal Supremo destacando la significación que en nuestro ordenamiento jurídico corresponde a la Ley de Procedimiento Administrativo:

> [...] dado que integra el derecho general en la materia procedimental sus reglas reflejan principios con fuerza expansiva para regular los supuestos de modificaciones legislativas en aquel terreno que no contengan previsiones al respecto —en este sentido la sentencia de 28 de noviembre de 1988 destaca el «claro valor general» de la disposición transitoria de la Ley de Procedimiento Administrativo—.

162. Ponente: Excmo. Sr. Delgado Barrio Recurso 666/1990 (RJ 1991\9744). Véanse, asimismo, las SSAN (sección 1.ª) de 16 de septiembre de 2010 (rec. 627/2009) (JUR 2010\333962) y 16 de diciembre de 2010 (rec. 727/2009) (JUR 2010\416529), en cuanto consideran que la caducidad, en este caso de las actuaciones previas, «no es una norma de carácter sancionador que tenga que ser aplicada retroactivamente», sino con arreglo al principio *tempus regit actum*.

Por lo demás, sería inaceptable que, una vez caducado el procedimiento sancionador por el transcurso del plazo máximo para resolver, se pretendiese rehabilitar el plazo por una norma posterior. El principio general de irretroactividad de las leyes impide que un cambio procedimental pueda afectar a la caducidad ya producida.

En efecto, como hemos visto, la caducidad en los procedimientos sancionadores se produce automáticamente, *ope legis* [art. 25.1.*b)* de la LPAC], por el simple vencimiento del plazo máximo establecido para dictar y notificar la resolución sancionadora, sin necesidad de solicitud del interesado. De la caducidad del procedimiento sancionador deriva inevitablemente el archivo de lo actuado. Admitir, por tanto, que el procedimiento sancionador caducado pueda ser rehabilitado y resuelto por el efecto retroactivo de una ley posterior significaría dejar vacío de contenido el citado artículo 25.1.*b)* de la LPAC. El efecto ya producido de la caducidad del procedimiento arrastraría la nulidad de esa eventual resolución dictada en su seno de manera extemporánea, esto es, fuera del plazo inicialmente señalado para resolver[163].

C) Un cóctel de *tempus regit factum* y retroactividad favorable

Para aquellos casos en que se reduce normativamente el plazo de caducidad una vez incoado el procedimiento sancionador, el Tribunal Superior de Justicia de Madrid ha adoptado una fórmula singular: combinar el principio *tempus regit factum* con una retroactividad limitada, bajo la idea de que un menor plazo de caducidad es una norma «favorable» para el expedientado. Los antecedentes son los siguientes:

1) Se inició un procedimiento disciplinario bajo la vigencia de una ley que fijaba en 12 meses el plazo de caducidad.

2) Antes de concluir el procedimiento entró en vigor una nueva ley que redujo el plazo de caducidad a 6 meses.

---

163. Véase L. Alfredo de Diego Díez, *Prescripción y caducidad en el procedimiento administrativo sancionador,* 2.ª ed., Bosch, Barcelona, 2009, págs. 275 y ss.

3) Como norma transitoria, esta última ley estableció la retroactividad de sus disposiciones a los procedimientos que se encontrasen en tramitación a la fecha de su entrada en vigor, en cuanto fueran más favorables al expedientado (sin distinguir entre normas sustantivas o procedimentales).

• Tribunal Superior de Justicia de Madrid (sección 7.ª) Sentencia núm. 1204/2013, de 4 de noviembre[164]:

Tercero. [...] La interpretación de estos preceptos[165] permite concluir que los procedimientos disciplinarios, como el presente, incoados antes de la vigencia de la ley, aún no concluidos en esta fecha de vigencia, tendrán una duración máxima de seis meses desde el día 10 de junio de 2010, esto es desde su vigencia, no desde que se iniciaron, siendo inaplicable este nuevo plazo a los procedimientos iniciados y trámites realizados con anterioridad a la vigencia de la nueva ley si la resolución se dicta y notifica antes de la vigencia o si, notificándose después, no transcurrieren, desde su vigencia, el plazo de seis meses, dado que, en ambos supuestos será observable el plazo de doce meses aplicable por razones temporales, *tempus regit factum*, sin posibilidad de la aplicación de la norma más favorable, porque ésta no habría entrado en vigor, en el primer caso, o, habiendo entrado ya en vigor, en el segundo, no alcanzaría a situaciones ya consolidadas en el tiempo, es decir, no alcanzaría a los trámites anteriores a la entrada en vigor de la nueva ley.

No se opone a la anterior declaración la opinión según la cual la retroactividad de la norma más favorable sólo alcanza a las normas sustantivas, porque la norma que interpretamos no hace tal distinción, se refiere sólo a normas más favorables, sin delimitar si se refiere a las normas sustantivas o a las procedimentales, y es lo cierto que para el recurrente es más favorable el nuevo plazo de caducidad del procedimiento, aunque interpretado de la forma dicha y no, como se pretende, con una retroactividad máxima, por lo que ha de aplicarse la norma más favorable.

164. Ponente: Ilma. Sra. Muriel Alonso. Recurso 489/2011 (JUR 2013\377033). Es reproducción de las sentencias del mismo tribunal núms. 43/2013 de 16 de enero (rec. 486/2011) (JUR 2013\114809); 44/2013, de 16 enero (rec. 1026/2011) (JUR 2013\113292); 202/2013, de 27 de marzo (rec. 440/2011) (JUR 2013\177460); 459/2013, de 10 de abril (rec. 469/2011) (JUR 2013\211164).

165. Los preceptos a que se refiere son los siguientes: El procedimiento disciplinario se incoó bajo la vigencia del Reglamento Disciplinario del

De la lectura de la sentencia, pese a su redacción un tanto farragosa, pueden extraerse dos ideas clave sobre cuándo aplicar a los procedimientos en trámite la norma que acorta el plazo de caducidad:

1.ª Reducir el plazo de caducidad de un procedimiento sancionador es una «norma más favorable» para el inculpado.

2.ª La nueva norma que aminora el plazo de caducidad se aplicará a los procedimientos en trámite, computado desde su entrada en vigor (no desde el inicio del procedimiento), siempre que favorezca al expedientado.

Conforme a lo expuesto, los pasos para determinar la aplicación del nuevo plazo de caducidad reducido son los siguientes:

a) Hemos de partir de la fecha de entrada en vigor de la nueva ley y computar, desde esa fecha, el plazo que aún falta para que caduque el procedimiento con arreglo a una y otra norma (la vigente al inicio del procedimiento y la nueva).

b) Si el plazo que aún falta para que se produzca la caducidad con arreglo a la norma derogada es mayor

---

Cuerpo Nacional de Policía (Real Decreto 884/1989). En ese momento el plazo de caducidad de los procedimientos era de doce meses, por así disponerlo la Ley 14/2000, de 29 de diciembre, de medidas fiscales, administrativas y del orden social (en la redacción dada por el artículo 69 de la Ley 24/2001, de 27 de diciembre). Antes de concluir el procedimiento entró en vigor la Ley Orgánica 4/2010, de 20 de mayo, cuyo artículo 46.1 establece que la resolución que ponga fin al procedimiento disciplinario y su notificación al interesado deberá producirse en un plazo que no podrá exceder de seis meses desde la fecha del acuerdo de incoación del expediente, con la consecuencia (apartado 3) del archivo de las actuaciones, por caducidad del procedimiento, una vez transcurrido dicho plazo. Por su parte, la disposición transitoria segunda de esta ley regula la retroactividad de las disposiciones favorables de la misma al decir que los procedimientos que se encontrasen en tramitación en la fecha de entrada en vigor de la ley orgánica (10 de junio de 2010), «continuarán rigiéndose hasta su conclusión por las normas vigentes en el momento de su iniciación, salvo que las de esta ley orgánica fuesen más favorables al expedientado».

que el establecido por la nueva, se aplica esta última, pero desde la fecha de su entrada en vigor[166].

c) Si el plazo que aún falta para que se produzca la caducidad con arreglo a la norma derogada es menor que el establecido por la nueva, se mantiene la aplicación de la norma derogada[167].

De esta manera se respeta, por un lado, el principio *tempus regit actum*: el nuevo plazo de caducidad tendrá efectividad solo desde que entre en vigor la nueva norma, nunca desde el inicio del procedimiento. Pero, al ser más favorable, despliega cierto efecto retroactivo: se aplicará a procedimientos iniciados conforme a la ley anterior, siempre que el plazo que aún falte para la caducidad sea mayor que el fijado por la nueva ley.

No se aplica una retroactividad máxima[168] de la nueva disposición que rebaja el plazo de caducidad puesto que, aun incidiendo en procedimientos ya iniciados, no afecta al tiempo transcurrido antes de su entrada en vigor. La nueva ley se aplica a los efectos nacidos al amparo de la ley derogada, pero aún no consumados; es decir, rige los efectos todavía no cumplidos de una ley anterior. En suma, incide sobre una situación actual (el plazo máximo para resolver) que se ha iniciado sin consumarse: la eventual caducidad está en marcha, pero aún no se ha producido.

---

166. Veamos un ejemplo: Al tiempo de iniciarse el procedimiento sancionador la norma vigente fija un plazo de 12 meses de caducidad, y la nueva lo reduce a 6 meses. Si, cuando entra en vigor esta última, han transcurrido 2 meses desde el inicio del procedimiento, aún faltarían 10 meses para que caducase con arreglo a la anterior normativa. Se aplica entonces la nueva norma más favorable y, a partir de su entrada en vigor, el procedimiento caducará en 6 meses.

167. En el mismo ejemplo anterior, si han transcurrido 8 meses desde el inicio del procedimiento, aún faltarían 4 meses para que caducase con arreglo a la anterior normativa; tiempo inferior a los 6 meses que serían precisos para la caducidad desde la entrada en vigor de la nueva norma. Se aplicará entonces la vieja norma derogada.

168. Sobre los distintos grados de retroactividad véase Francisco LÓPEZ MENUDO, *El principio de irretroactividad de las normas jurídico-administrativas*, ob. cit., págs. 48 y ss.; y Beatriz VERDERA IZQUIERDO, *La irretroactividad: problemática general*, Dykinson, Madrid, 2006, págs. 85 y ss.

Podría decirse que se trata de una retroactividad en grado medio, denominada también de «efecto intermedio» o «efectos modificativos»[169], en cuanto la nueva ley respeta los efectos ya consumados o agotados durante la vigencia de la norma derogada, pero no los pendientes.

2. LA CADUCIDAD NO OPERA EN VÍA DE RECURSO

El tiempo transcurrido durante la tramitación de los recursos administrativos (alzada o reposición) no es computable a efectos de caducidad procedimental[170]. En efecto, entre la interposición del recurso contra la sanción y su resolución no opera la caducidad, sino lo establecido para las resoluciones tardías (arts. 24, 122.2 y 124.2 de la LPAC)[171]. Es decir, se podrá entender desestimado el recurso (art. 122.2 de la LPAC), permitiendo a los interesados acudir a la vía jurisdiccional. Hoy basta la lectura del artículo 25 de la LPAC para darse cuenta de que se trata de una institución que actúa exclusivamente hasta la resolución del expediente en la primera instancia administrativa[172].

En consecuencia, no puede entrarse siquiera a considerar la caducidad del procedimiento cuando, habiéndose resuelto en plazo, se interpone contra tal resolución un recurso ordinario[173]. En tal caso, no puede decirse que la Administración haya actuado extemporáneamente su potestad sancionadora: lo ha hecho en plazo, aunque aún no sea firme por la interposición del recurso. CHAVES GARCÍA ironiza con finura al respecto[174]:

> Por ello, el ciudadano tiene que tragar con el abuso de la Administración que una vez que dicta la resolución sancionadora y pese a tener

169. Véase Beatriz VERDERA IZQUIERDO, *ibidem*, págs. 90-91.

170. STS (Sala 3.ª, sección 4.ª) de 7 de junio de 2005. Ponente: Excmo. Sr. Herrero Pina (RJ 2005\6712).

171. STS (Sala 3.ª, sección 3.ª) de 19 de julio de 1999. Recurso 703/1996 (RJ 1999\6193).

172. Obviamente, tampoco opera en el procedimiento de ejecución. Así, Rafael CABALLERO SÁNCHEZ, *Prescripción y caducidad...*, ob. cit., pág. 456.

173. STSJ de la Comunidad Valenciana (sección 3.ª) de 18 de julio de 2002. Ponente: Ilma. Sra. Vidal Mas (rec. 2576/1998) (RJCA 2003\404).

174. José Ramón CHAVES GARCÍA, «La caducidad del procedimiento sancionador: hablando claro y con apoyo en la jurisprudencia reciente», en el blog *delaJusticia.com*, 13 de agosto de 2009.

encima de la mesa el recurso de reposición o alzada formulado por el sancionado, «se duerme en los laureles» y puede ignorarlo durante años e incluso no responderlo, sin que ello provoque caducidad alguna. Y por eso algún buen día, el confiado ciudadano recurrente puede encontrarse con la sorpresa de una resolución desestimatoria de su recurso varios años después y consiguiente apremio o embargo de sus cuentas para cobrar la sanción.

Aunque parezca ocioso a estas alturas, conviene retener que caducidad procedimental y silencio en vía de recurso son cosas bien distintas con efectos también diferentes. La STS (Sala 3.ª, sección 4.ª) de 17 de septiembre de 2003[175] lo expone así:

> *Tercero.* [...] no cabe confundir el instituto de la caducidad del procedimiento en el que no se ha dictado resolución en el plazo normativamente fijado con el instituto del silencio administrativo y sus efectos en relación con los recursos entablados frente a una resolución ya acordada en el procedimiento. En este último caso el efecto previsto no es otro que el de poder entender desestimado el recurso y expedita la vía para acudir al proceso contencioso con el fin de impugnar la resolución administrativa que se entiende confirmada, sin otra excepción que lo dispuesto en el artículo 43.2, segundo párrafo (artículo 115 de la Ley 30/1992).

3. RELEVANCIA CONSTITUCIONAL DE LA CADUCIDAD

La caducidad, por sí misma, no es materia constitucionalmente relevante. Es una cuestión de simple legalidad ordinaria (por todas, STC 77/2002). Solo excepcionalmente, y desde la perspectiva del derecho a la tutela judicial efectiva (art. 24.1 de la CE), la aplicación de los plazos de caducidad adquiere dimensión constitucional cuando la resolución impugnada carezca de todo razonamiento que la fundamente o, lo que es igual, resulte arbitraria por ilógica o absurda, y también cuando incurra en un cómputo manifiestamente erróneo en la determinación de los plazos (STC 217/2000). La arbitrariedad, la irrazonabilidad o el error patente, son los únicos supuestos en los que el Tribunal Constitucional podrá sustituir al órgano judicial en su función de interpretar

175. Ponente: Excmo. Sr. Soto Vázquez (RJ 2003\6356).

la legalidad ordinaria (p. ej., AATC 279/2000 y 139/2004) ya que, en tales casos, la aplicación de la legalidad sería tan sólo una mera apariencia (por todas, STC 82/2009).

• Tribunal Constitucional
Sentencia núm. 9/2018:

3. [...] el plazo de caducidad para la instrucción de un expediente disciplinario, cuya resolución compete a los órganos judiciales en el ejercicio de la potestad que privativamente les confiere el artículo 117.3 de la CE, es una facultad propia de la jurisdicción ordinaria determinar cuál sea la norma aplicable al supuesto controvertido. Ahora bien, el Tribunal Constitucional sí puede someter a control las decisiones sobre la concurrencia o no de presupuestos y requisitos procesales en «aquellos supuestos en los cuales la interpretación efectuada por el órgano judicial de la normativa declarada aplicable sea arbitraria, manifiestamente irrazonable o fruto de un error patente y cuando del acceso a la jurisdicción se trate, en los casos en los que dicha normativa se interprete de forma rigorista, excesivamente formalista o desproporcionada en relación con los fines que preserva y la relevancia de los intereses que se sacrifican» (STC 33/2002, de 11 de febrero, fj 5. En el mismo sentido, SSTC 63/1999, de 26 de abril, fj 2; 92/2008, de 21 de julio, fj 2, y, más recientemente, 129/2014, de 21 de julio de 2014, fj 4). En suma, es notorio que, conforme a reiterada doctrina de este Tribunal, la interpretación de las normas sobre prescripción o caducidad es, en principio y con las salvedades que esa misma doctrina señala (que no atañen al presente asunto), una cuestión de legalidad ordinaria; es decir, de la exclusiva competencia de los jueces y tribunales de justicia y que carece, por su propio contenido, de relevancia constitucional (por todas y entre otras muchas, SSTC 27/1984, de 24 de febrero, fj 1; 89/1992, de 8 de junio, fj 3; 160/1997, de 2 de octubre, ffjj 3 y 5; 274/2006, de 25 de septiembre, fj 2; 194/2009, de 28 de septiembre, fj 1, y 37/2012, de 19 de marzo, fj 10).

Uno de estos casos, en el que se produjo error patente al aplicar los plazos de caducidad, fue el contemplado por la STC 308/2006. El órgano judicial había desestimado la caducidad del procedimiento sancionador ateniéndose a la redacción de un precepto ya inexistente y sin tomar en consideración la doctrina legal establecida al respecto por el Tribunal Supremo. El Tribunal Constitucional concluyó que se había vulnerado el derecho a la tutela judicial efectiva[176] y otorgó el amparo con retroacción de actuaciones para que el órgano de primera instancia resolviese de nuevo sobre la caducidad.

176. Resolver la cuestión litigiosa con arreglo a una norma derogada «convierte en irrazonable la elección de la norma aplicable, de tal manera que no puede afirmarse que estemos ante una decisión fundada capaz de satisfacer el derecho a la tutela judicial efectiva consagrado en el artículo 24.1 de la CE» (STC 203/1994, fj 3). Y es que, como recuerda la STC 99/2000 (fj 6), «el derecho de tutela judicial efectiva exige que las resoluciones judiciales al decidir los litigios sean fundadas en derecho, y ese fundamento desaparece cuando con total evidencia se omite la consideración de la norma aplicable, y se decide mediante la aplicación de normas que han perdido su vigencia».

CAPÍTULO IV

EFECTOS DE LA CADUCIDAD

SUMARIO: 1. EFECTOS INTRAPROCEDIMENTALES *(AD INTRA)*. A) Extinción y archivo del procedimiento caducado. B) Continuación del procedimiento caducado por causa de «interés general». C) Nulidad de la resolución sancionadora dictada en un procedimiento caducado. *a) No constituye una simple irregularidad. b) ¿Nulidad o anulabilidad? c) La importancia práctica de que se trate de un vicio de nulidad.* 2. EFECTOS EXTRAPROCEDIMENTALES *(AD EXTRA)*. A) Reapertura de nuevo expediente sancionador por los mismos hechos. B) Validez en un nuevo expediente sancionador de lo actuado en el procedimiento caducado. *a) Incoación del nuevo procedimiento. b) Cumplimentación de trámites en el nuevo procedimiento. c) Conservación de actuaciones.* C) El procedimiento caducado no interrumpe la prescripción.

La caducidad supone el archivo de las actuaciones [art. 25.1.*b)* de la LPAC], con los efectos previstos en el artículo 95.3 de la LPAC; a saber: *a)* que la caducidad no producirá, por sí sola, la prescripción de las acciones de la Administración, de modo que, si la infracción no ha prescrito, podrá iniciar un nuevo expediente sancionador por los mismos hechos, y *b)* que el procedimiento caducado no interrumpirá la prescripción[177].

---

177. Sustancialmente idénticos son los términos del artículo 104.5.II de la Ley 58/2003, de 17 diciembre (Ley General Tributaria): «Dicha caducidad no producirá, por sí sola, la prescripción de los derechos de la Administración tributaria, pero las actuaciones realizadas en los procedimientos caducados no interrumpirán el plazo de prescripción ni se considerarán requerimientos administrativos a los efectos previstos en el apartado 1 del artículo 27 de esta Ley».

Por razones sistemáticas distinguiremos entre los efectos que se producen en el propio procedimiento caducado *(ad intra)* y aquellos que tienen lugar respecto a otro eventual procedimiento por los mismos hechos *(ad extra)*.

1. Efectos intraprocedimentales *(ad intra)*

A) Extinción y archivo del procedimiento caducado

El artículo 25.1.*b)* de la LPAC impone claramente que, en los procedimientos sancionadores, la resolución que declare la caducidad «ordenará el archivo de las actuaciones». El procedimiento caducado se extingue en su integridad, quedando la cuestión de fondo imprejuzgada, tanto en su aspecto punitivo como en lo relativo a las eventuales obligaciones de reparar, indemnizar o reponer las cosas a su estado[178].

La automática extinción del procedimiento perimido impide de raíz que pueda dictarse en su seno una resolución tardía sobre el fondo. No obstante, la dicción del artículo 25.1 de la LPAC puede inducir a error cuando dice que el vencimiento del plazo sin que se haya dictado y notificado resolución expresa «no exime a la Administración del cumplimiento de la obligación legal de resolver».

Esta ambigüedad se supera considerando que la resolución aludida por la ley no puede versar sobre el fondo del asunto, sino que solo puede declarar la perención del procedimiento. Así lo dispone de forma clara el artículo 21.1.II de la LPAC: «en los casos de... caducidad del procedimiento... la resolución consistirá en la declaración de [tal] circunstancia». Y lo recalca el ya citado artículo 25.1.*b)* de la LPAC: «la resolución que declare la caducidad ordenará el archivo de las actuaciones».

Por ello, la regla general sobre validez de las actuaciones administrativas fuera del tiempo, establecida en el artículo 48.3 de la LPAC, no rige cuando, por su propia naturaleza, la actuación de la potestad administrativa esté esencialmente

178. Véase, por ejemplo, el fundamento jurídico 8.º de la STSJ de Castilla y León (sede en Burgos) núm. 378/2007, de 30 de julio (rec. 22/2006) (JUR 2007\276046).

sometida a plazo: «éste es el caso de la potestad sancionadora —afirma la STS (Sala 3.ª) de 26 de julio de 1988 (fj 4)[179] – de suerte que transcurrido el lapso de tiempo necesario para producir la caducidad, la Administración ha de limitarse a declararla, sin que pueda legalmente hacer declaraciones que atribuyan a una persona la comisión de una infracción».

En resumidas cuentas, caducidad y posibilidad de dictar una resolución tardía sobre el fondo son términos incompatibles, por cuanto el fin institucional de la primera es precisamente evitar que la segunda se produzca[180].

B) Continuación del procedimiento caducado por causa de «interés general»

Pese a que pudiera entenderse que un procedimiento ha caducado, el artículo 95.4 de la LPAC permite obviar ese obstáculo y resolver el fondo por razones de «interés general»:

> Podrá no ser aplicable la caducidad en el supuesto de que la cuestión suscitada afecte al interés general, o fuera conveniente sustanciarla para su definición y esclarecimiento.

La cuestión es hasta dónde llega la operatividad de esta previsión en el ámbito sancionador. Como punto de partida, para evitar excesos de la Administración —y no solo en el derecho sancionador—, la idea de interés general tiene aquí un significado restringido. Así lo ha dispuesto la STS (Sala 3.ª, sección 4.ª) de 23 de junio de 2015[181], al relacionar dicho interés «con la relevancia del asunto para un círculo de personas más amplio que el de los interesados en el concreto procedimiento administrativo; es decir, se trata de que la resolución que haya de adoptarse pueda ser de interés para el público en general o, al menos, para una fracción significativa del mismo».

Ya centrados en el ámbito sancionador, ¿podría la Administración, al amparo de este precepto, continuar el procedi-

179. Ponente: Excmo. Sr. Delgado Barrio (RJ 1988\6048).

180. Juan Alfonso Santamaría Pastor, «Caducidad del procedimiento (art. 44.2 LRJAP)», cit., pág. 44.

181. Ponente: Excmo. Sr. Díez-Picazo Giménez. Recurso 2879/2013 (RJ 2015\3208).

miento caducado y resolver sobre el fondo? La respuesta es no[182]. Cuando el artículo 25.1.*b)* de la LPAC ordena expresamente el «archivo de las actuaciones» en los procedimientos caducados en que la Administración ejercite su potestad sancionadora, no establece ninguna excepción. Obsérvese que el citado artículo 25.1.*b)* de la LPAC, antes de remitirse a los efectos previstos en el artículo 95 de la misma ley, deja sentado categóricamente que procede el «archivo de las actuaciones», de modo que esta dicción excluye implícitamente la posibilidad de que las actuaciones continúen, pese a la caducidad del procedimiento.

Además, admitir —aunque fuera excepcionalmente— que el procedimiento sancionador caducado puede ser resuelto significaría dejar vacío de contenido el artículo 25.1.*b)* de la LPAC, toda vez que la Administración, cuando actúa de oficio, lo hace siempre en favor del interés público. Desde esta perspectiva, los procedimientos sancionadores nunca caducarían pues siempre podría encontrarse un interés general que justificase su resolución[183].

• Tribunal Supremo (Sala 3.ª, sección 3.ª)
Sentencia núm. 317/2019, de 12 de marzo[184]:

Sexto. [...] la mención al interés general contenida en el artículo 92.4 de la LRJPAC *[hoy 95.4 de la LPAC]* no permite entender que todo expediente administrativo destinado a obtener fondos públicos o reintegrarse de los perjuicios sufridos pueda quedar comprendido en esta excepción, pues de interpretarse en tal sentido la mayoría de los procedimientos administrativos iniciados de oficio, en cuanto

182. Véase ampliamente argumentada por Francisco L. Hernández González, *La caducidad del procedimiento...*, ob. cit., págs. 343-347.

183. *Cf.* José Antonio Tardío Pato, «Consideraciones sobre la caducidad del procedimiento administrativo», en *Revista de Estudios de la Administración Local y Autonómica*, núms. 298-299, 2005, pág. 41; y Manuel Rivero González, *Régimen Jurídico de las Administraciones Públicas y Procedimiento Administrativo*, obra colectiva, Aranzadi, Elcano (Navarra), 2000, pág. 308, quien estima que, permitir la prosecución del procedimiento sancionador pese a la caducidad, «convertiría prácticamente en discrecional la tramitación de los procedimientos» de gravamen.

184. Ponente: Excmo. Sr. Córdoba Castroverde. Recurso 676/2018 (RJ 2019\1035).

persiguen un interés general, o así debería ser, no estarían sujetos a los plazos de caducidad y esta interpretación laxa, de lo que es una excepción a la aplicación de la caducidad, no puede ser compartida.

A esta misma solución, con razonamientos más elaborados, llegó también el TSJ de Castilla-La Mancha (sede en Albacete, sección 2.ª), en su sentencia 413/2007, de 17 de octubre[185]. Los argumentos del tribunal, actualizados con la Ley 39/2015, se asientan en dos pilares:

- ✓ Por un lado, en la literalidad de los artículos 25 y 95 de la LPAC. El artículo 25, cuando se refiere a la caducidad de los procedimientos sancionadores ordena «el archivo de las actuaciones, con los efectos previstos en el artículo 95». Y, la posibilidad de continuar el procedimiento por afectar al interés general no es un «efecto» (de los expresados en el numeral 3 del art. 95), sino una regla de aplicación o no aplicación de la institución (recogida en el numeral 4 del art. 95).
- ✓ Por otro lado, en el fundamento de las dos caducidades existentes. Una, la caducidad de los expedientes iniciados de oficio (art. 25 de la LPAC), que se funda en el exceso producido respecto del plazo máximo para resolver y cuya finalidad es evitar que se eternice el procedimiento con menoscabo de la seguridad jurídica. Y otra, la de los expedientes iniciados a instancia de parte (art. 95 de la LPAC), fundada en la imposibilidad de continuar su tramitación debido al abandono mostrado por el propio interesado en lo tocante al pronunciamiento de fondo.

Pues bien, para el tribunal castellanomanchego «resulta absolutamente evidente que la regla del artículo [hoy 95.4 de la LPAC] sólo tiene sentido en la segunda de las caducidades, esto es, la relativa a procedimientos iniciados a instancia e interés del ciudadano». Y lo explica así:

> [...] En tales casos, aun a falta de colaboración del interesado, la Administración puede decidir seguir el procedimiento por entender que, pese a ser uno sustentado en principio en el interés del solicitante,

185. Ponente: Ilmo. Sr. Lozano Ibáñez. Recurso 635/2003 (JUR 2008\58439).

ella misma también está interesada en su prosecución. Ahora bien, en cuanto a la caducidad del artículo 44 [hoy artículo 25 de la LPAC], carece absolutamente de sentido el que se regule esta institución como garantía del administrado, y con un grado de detalle que desciende hasta a establecer los supuestos en los que se podrá entender prorrogado el plazo máximo para resolver, obligando al aplicador a un detallado cómputo de causas de interrupción, para después hacer depender la aplicación de todo ello de una discrecional decisión administrativa fundada no ya en el «interés general» (lo cual ya sería ya llamativo, pues todo expediente iniciado de oficio —a diferencia de los del artículo 92 [hoy art. 95 de la LPAC]— responde a la satisfacción de dicho interés), sino incluso en la mera «conveniencia» de su «definición y esclarecimiento» (art. 92.4). Creemos por ello que, incluso aunque otra cosa diga la sentencia del Tribunal Supremo de 29 de mayo de 2007 (como en efecto se dice), es absolutamente imposible justificar adecuadamente la extensión de la aplicación del artículo 92.4 a la caducidad que regula el artículo 44.

C) Nulidad de la resolución sancionadora dictada en un procedimiento caducado

a) No constituye una simple irregularidad

Comencemos por lo más básico. De ningún modo cabe aceptar que la caducidad del procedimiento sancionador constituya una simple irregularidad no invalidante, en los términos del artículo 48.3 de la LPAC:

> La realización de actuaciones administrativas fuera del tiempo establecido para ellas sólo implicará la anulabilidad del acto cuando así lo imponga la naturaleza del término o plazo.

La regla general sobre la validez de las actuaciones administrativas realizadas fuera del tiempo establecido no opera para la caducidad, sino precisamente su excepción: la resolución sancionadora dictada en un procedimiento caducado es nula porque así lo impone la naturaleza del plazo de caducidad. Es lógico. Si la caducidad extingue el procedimiento, este ya no existe y tampoco la resolución sancionadora que en él se hubiera dictado.

En palabras de Chaves García, «si un procedimiento caduca, se "borra todo lo actuado", como si no existiera»[186].

186. José Ramón Chaves García, «La caducidad del procedimiento sancionador: hablando claro y con apoyo en la jurisprudencia reciente», 13 de agosto de 2009, en el blog *delaJusticia.com*.

También la STS 9/2017, de 10 de enero[187] afirma que «el procedimiento declarado caducado se hace inexistente».

No es, por tanto, de aplicación la doctrina legal sentada por la STS (Sala 3.ª, sección 7.ª) de 24 de abril de 1999[188], que validaba la posibilidad de imponer una sanción administrativa fuera del plazo legalmente previsto para la tramitación del expediente sancionador. Esta doctrina —calificada de «lamentable»[189] y certeramente criticada[190]— hay que entenderla superada, al menos, por las siguientes razones[191]:

- ✓ El artículo 48.3 de la LPAC (antes el art. 63.3 de la LRJPAC) no resulta aplicable cuando existen normas específicas sobre el procedimiento administrativo de que se trate.
- ✓ En el procedimiento sancionador, el artículo 25.1.*b)* de la LPAC (antes el art. 44.2 de la LRJPAC) establece de forma inequívoca que los plazos concedidos para su tramitación son plazos esenciales, cuyo agotamiento da paso a la caducidad.
- ✓ Al resultar de aplicación preferente los preceptos específicos relativos al procedimiento sancionador, y

187. Ponente: Excmo. Sr. Yagüe Gil. Recurso 1943/2016 (RJ 2017\1895).

188. Ponente: Excmo. Sr. Trillo Torres. Recurso 5480/1998 (RJ 1999\5194)

189. Así, Alfonso Sanz Clavijo, *La caducidad del procedimiento...*, ob. cit., pág. 236.

190. Puede verse, por ejemplo, José Antonio López Pellicer, «La actuación extemporánea de la Administración en el procedimiento sancionador», *Revista Española de Derecho Administrativo*, núm. 105, 2002, págs. 105 a 117. En esencia, rechaza tal doctrina jurisprudencial porque el de caducidad es un «plazo esencial» y porque, de no anularse la resolución sancionadora del procedimiento caducado, se estaría alentando a la Administración para que pudiera imponer la sanción fuera de plazo sin consecuencia alguna, a pesar de infringir lo dispuesto por el artículo 44.2 que le ordena declarar la caducidad y archivar las actuaciones. En el mismo sentido se ha manifestado José Antonio Tardío Pato, voz «Caducidad del procedimiento» en *Diccionario de Derecho Administrativo*, obra colectiva dirigida por Santiago Muñoz Machado, Iustel, Madrid, 2005, tomo I, pág. 365; y, del mismo autor, «Consideraciones sobre la caducidad del procedimiento administrativo», art. cit., págs. 48-49.

191. Recogidas en la STS (Sala 3.ª, sección 3.ª) de 28 de junio de 2004 (fj 4). Ponente: Excmo. Sr. Espín Templado (rec. 791/2001) (RJ 2004\5326).

referirse estos expresamente a un plazo de caducidad, queda sin posible aplicación en materia sancionadora la doctrina legal sobre artículo 48.3 de la LPAC (antes el art. 63.3 de la LRJPAC).

Hace ya años que la orientación del Tribunal Supremo se decantó por entender que la caducidad del procedimiento sancionador arrastra la invalidez de la resolución dictada en su seno de manera extemporánea[192]. Así debe ser ya que de la caducidad deriva inevitablemente el archivo de lo actuado [art. 25.1.*b)* de la LPAC].

b) ¿Nulidad o anulabilidad?

Nos queda determinar si esa invalidez da lugar a la anulabilidad de la resolución sancionadora o bien es un vicio de nulidad radical o de pleno derecho. No existe una posición común al respecto[193].

A mi juicio se trata de un supuesto de nulidad de pleno derecho (art. 47 de la LPAC)[194], toda vez que la resolución sancionadora se basa en un procedimiento inválido e ineficaz en la medida en que el mismo, por haberse producido la caducidad, debió archivarse en su momento. No es difícil encajar, en la causa prevista por el apartado 1.*e)* del citado

192. Lo cierto es que, a partir de la caducidad del procedimiento, el Tribunal Supremo ha venido deduciendo como lógica consecuencia, sin mayores argumentaciones y con toda naturalidad, la anulación de la resolución sancionadora. Por ejemplo, SSTS (Sala 3.ª, sección 7.ª) de 22 de junio de 2007 (rec. 132/2002) (RJ 2007\6559), 16 de julio de 2007 (recs. 217/2005 y 274/2005) (RJ 2007\7446 y RJ 2007\6784), 26 de marzo de 2008 (rec. 320/2004) (RJ 2008\2361), 13 de mayo de 2008 (rec. 185/2005) (JUR 2008\176353) y 12 de diciembre de 2013 (1813/2012) (RJ 2014\413).

193. *Cf.* Alfonso Sanz Clavijo, *La caducidad del procedimiento...*, ob. cit., págs. 236 a 242.

194. Ya lo defendí así hace más de una década en la 1.ª edición de la obra *Prescripción y caducidad en el derecho administración sancionador*, Bosch, Barcelona, 2006, pág. 220. De la misma opinión es Diego Gómez Fernández, «La caducidad del procedimiento administrativo es un vicio de nulidad», en el blog *Es de Justicia*, 24 de mayo de 2018; también, del mismo autor, «¿La caducidad del procedimiento es un vicio de anulabilidad? Malamente...», en el blog *Es de Justicia*, 7 de agosto de 2019.

artículo 47, la nulidad de la resolución sancionadora dictada en un procedimiento caducado, puesto que se habría dictado prescindiendo totalmente de una condición esencial del procedimiento legalmente establecido: el tiempo máximo de su duración. Vale la pena recordar que la nulidad no se identifica únicamente con la ausencia de «todo» procedimiento (equivalente a una actuación por vía de hecho), sino con la omisión del procedimiento legalmente establecido, bien por haberse seguido uno totalmente diferente, o bien por haber prescindido de sus trámites esenciales, sin los cuales ese procedimiento es inidentificable[195].

Por la nulidad de pleno derecho se inclina la STS (Sala 3.ª, sección 3ª), de 28 de junio de 2004[196]. Aunque inicialmente afirma que, «sin género de dudas, cualquier resolución dictada una vez producida la caducidad del procedimiento resulta anulable, puesto que todas las actuaciones del mismo habrían debido ser archivadas»; seguidamente, concluye que, en los procedimientos sancionadores, «si la caducidad es apreciada judicialmente, la sentencia deberá acordar la nulidad de la resolución extemporánea», pues «la caducidad del procedimiento acarrea la nulidad de una sanción impuesta tras concluir el plazo previsto para el procedimiento establecido».

Esta tesis fue ya avalada años antes por las SSTS de 5 de diciembre de 1988[197] y 2 de noviembre de 1999[198]. Sostienen que la validez de una sanción administrativa depende, entre otras cosas, de que se imponga en el plazo exigido por la ley: «el transcurso de ese plazo sin que se imponga sanción determina la imposibilidad legal de efectuarlo, y si se ha hecho, se produce la *nulidad radical* de la sanción impuesta». Y, con rotundidad, la STS (Sala 3.ª, sección 7.ª) de 24 de septiembre de 2008[199] afirma que «la resolución sancionadora

195. Así, las SSTS (Sala 3.ª) de 20 de julio de 2005 (rec. 8504/1999) (RJ 2005\9022) y 4 de diciembre de 2012 (rec. 3557/2010) (RJ 2013\1014).

196. Ponente: Excmo. Sr. Espín Templado. Recurso 791/2001 (RJ 2004\5326).

197. Ponente: Excmo. Sr. Cancer Lalanne (RJ 1988\9320).

198. Ponente: Excmo. Sr. Ledesma Bartret. Recurso 9263/1992 (RJ 1999\8800).

199. Ponente: Excmo. Sr. Cancer Lalanne. Recurso 4455/2004 (RJ

dictada después de que el procedimiento disciplinario haya caducado, lo ha sido prescindiendo total y absolutamente del procedimiento legalmente establecido, siendo *nula de pleno derecho* a tenor de lo dispuesto en el artículo 62.1.*e)* de la Ley 30/1992 [hoy artículo 47.1.*e)* de la Ley 39/2015]».

Y ya, manteniendo una doctrina consolidada en el tiempo, la STS (Sala 3.ª, sección 3.ª) núm. 317/2019, de 12 de marzo[200], resume y clarifica esta cuestión hasta concluir que la caducidad da lugar a «un procedimiento extinguido e inexistente». Dice así:

> *Tercero. Consideraciones generales sobre el instituto de la caducidad.*
> [...] La esencia de la caducidad de un procedimiento es que queda inhabilitado como cauce adecuado en el que poder dictar una resolución valida sobre el fondo. Ello motiva que numerosas sentencias de este Tribunal hayan venido sosteniendo la invalidez de las resoluciones administrativas dictadas en un procedimiento caducado, al entender que «debía considerarse extinguido, y consecuentemente nula la resolución administrativa recurrida» (STS de 24 de septiembre de 2008, rec. 4455/2004), o como se sostiene en la STS de 3 de febrero de 2010 (rec. 4709/2005) la obligación impuesta en una resolución administrativa dictada en un procedimiento caducado «ha perdido su soporte procedimental, y, por tanto, también, su validez y eficacia». Es más, en nuestra STS núm. 9/2017, de 10 de enero (rec. 1943/2016) se afirmaba que «el procedimiento caducado se hace inexistente». Los actos y resoluciones administrativas han de dictarse en un procedimiento válido, ello constituye una exigencia básica de nuestro ordenamiento administrativo que se plasma en numerosos preceptos (art. 53 de la LRJPAC) llegándose a sancionar con la nulidad de pleno derecho los actos dictados prescindiendo total y absolutamente del procedimiento establecido [art. 62.1.*e)* de la LRJPAC]. De modo que, si el procedimiento ha devenido inválido o inexistente, como consecuencia de su caducidad, ha dejado de ser un cauce adecuado para dictar una resolución administrativa valida que decida sobre el fondo, por lo que la Administración está obligada a reiniciar uno nuevo. Así se establece también en el artículo 95.3 de la nueva Ley de Procedimiento Administrativo Común (Ley 39/2015) en el que se afirma «los procedimientos caducados no interrumpirán el plazo de prescripción» y se añade «en los casos en los que sea posible la iniciación de

2008\7241).

200. Ponente: Excmo. Sr. Córdoba Castroverde. Recurso 676/2018 (RJ 2019\1035). También la STS núm. 438/2018, de 19 de marzo (rec. 2054/2017) (RJ 2018\1400).

un nuevo procedimiento por no haberse producido la prescripción, podrán incorporarse a éste los actos y trámites cuyo contenido se hubiera mantenido igual de no haberse producido la caducidad. En todo caso, en el nuevo procedimiento deberán cumplimentarse los trámites de alegaciones, proposición de prueba y audiencia al interesado». En definitiva, tanto la Ley 30/19992 como la Ley 39/2015 de Procedimiento Administrativo Común, disponen que la caducidad conlleva la necesidad de reiniciar un nuevo procedimiento para poder dictar una resolución administrativa valida.

Por ello, en un procedimiento extinguido e inexistente no es posible dictar una resolución de fondo valida, salvo aquella que tenga como único objeto declarar la caducidad del procedimiento, tal y como dispone el artículo 42.1 y 44.2 de la Ley 30/1992.

c) La importancia práctica de que se trate de un vicio de nulidad

No es una cuestión baladí tratar como un vicio de nulidad, y no de anulabilidad, el hecho de dictar resolución sancionadora en un procedimiento caducado. Sus consecuencias prácticas no son menores. Si el afectado, por la razón que fuere, ha dejado que la sanción adquiera firmeza, aún le quedará una baza: utilizar la «acción de nulidad» y pedir a la Administración la revisión de oficio de la sanción impuesta (art. 106 de la LPAC). Y, si no obtiene una respuesta positiva de la Administración, podrá acudir a los tribunales para que aquella sea condenada a tramitar y resolver el procedimiento de revisión de oficio o, incluso, para que directamente entren en el fondo y anulen la resolución.

En cuanto a esta última posibilidad, la regla general es que, ante la inadmisión de una solicitud de revisión de oficio, el tribunal debe limitarse a declarar la nulidad del acuerdo de inadmisión, sin entrar a resolver el fondo del asunto. Pero esta solución cede en aquellos casos en los que la nulidad se infiere *prima facie*, porque el tribunal cuenta con todos los medios necesarios para abordar y resolver la cuestión de fondo suscitada. Así lo ha sostenido la STS (Sala 3.ª, sección 5.ª) de 8 de abril de 2008[201]:

201. Ponente: Excmo. Sr. Fernández Valverde. Recurso 711/2004 (RJ 2008\2034).

> *Undécimo.* [...] La conocida y recurrente decisión de retroacción de actuaciones que pudiera haber sido dispuesta por la sentencia hubiera conculcado de modo flagrante los principios de economía procesal, y, sobre todo, el constitucionalmente reconocido de tutela judicial efectiva, puesto que hubiera obligado a una nueva tramitación de la revisión con la dilación que ello comporta, y a un posterior nuevo proceso. De modo que esa solución que podría ser admitida como válida respuesta, en términos generales, no puede aceptarse si en el supuesto concreto existe la posibilidad de abordar el fondo del asunto porque el Tribunal cuenta con todos los medios necesarios para resolver la cuestión suscitada.

Si, por el contrario, el dictado de una sanción pese a la caducidad procedimental se tratase como un simple vicio de anulabilidad, el afectado podría pedir a la Administración que tramitase un procedimiento de lesividad (art. 107 de la LPAC). Pero, en caso de no tener éxito en su solicitud, carecería de la posibilidad de acudir ante los tribunales puesto que no existe acción de anulabilidad frente a resoluciones firmes.

Por lo demás, no hay impedimento alguno en que la Administración pueda acordar la caducidad del expediente, de oficio y pese a haber dictado ya resolución sancionadora. Pero, como vimos en su momento, es necesario que previamente expulse del ordenamiento jurídico la resolución sancionadora. Un mismo procedimiento no puede ultimarse de dos formas distintas —por resolución y por caducidad— pues ello es incompatible. Ambas resoluciones no pueden coexistir al mismo tiempo. De ahí que, primero, la Administración deba revisar de oficio la resolución sancionadora y revocarla para después, a renglón seguido, declarar la perención (STS de 23 de febrero de 2010).

2. Efectos extraprocedimentales (*ad extra*)

A) Reapertura de nuevo expediente sancionador por los mismos hechos

La resolución que declare la caducidad «ordenará el archivo de las actuaciones, con los efectos previstos en el artículo 95» [art. 25.1.*b)* de la LPAC]. Uno de tales efectos es que la caducidad no produce por sí sola la prescripción de las acciones de la Administración. ¿Quiere esto decir que, si no ha prescrito la infracción, aunque el procedimiento haya caducado, la Administración se encuentra habilitada para incoar un nuevo expediente cuyo objeto sean los mismos hechos? La respuesta es afirmativa, aunque objeto de justificadas críticas.

Así, frente a la posibilidad de abrir un nuevo expediente se han alzado voces advirtiendo que tal eventualidad conculca los principios de confianza legítima y seguridad jurídica. Si el incumplimiento de resolver y notificar en el plazo legalmente previsto no impide que la Administración pueda activar de nuevo la maquinaria del *ius puniendi*, su pasividad en la tramitación no comporta, a la postre, ningún gravamen para ella.

Desde esta posición se ha defendido que la caducidad del procedimiento sancionador «constituye causa de terminación del procedimiento al que afecte, el cual, manteniéndose la identidad subjetiva y objetiva, no cabe reiniciar y tramitar de nuevo en el caso de que la paralización sea debida a pasividad o negligencia administrativa»; y ello es debido a que el ejercicio de la potestad sancionadora «no puede quedar, por exigencias fundamentales de seguridad jurídica y de eficacia administrativa, al mero arbitrio de la Administración»[202]. Se viene así a entender, en palabras de CABALLERO SÁNCHEZ, que «si perime el procedimiento sancionador *se ha quemado el cartucho*, y ya no es perseguible la infracción»[203]. También SANTAMARÍA PASTOR considera que «de nada sirve declarar caducado un procedimiento si, acto seguido, la Administración puede reiniciarlo con mínimo esfuerzo», prolongando así la «pena de banquillo» del imputado[204]. Y DOMÉNECH PASCUAL defiende que la reapertura de un procedimiento sancionador caducado es contraria al principio constitucional *ne bis in*

202. José Antonio LÓPEZ PELLICER, «La caducidad del procedimiento administrativo sancionador: ¿puede reabrirse y tramitarse otro si la infracción no ha prescrito?», en *Actualidad Administrativa*, núm. 42, 15 al 21 de noviembre de 1999, vol. 1999-3, págs. 1195-1196.

203. Rafael CABALLERO SÁNCHEZ, *Prescripción y caducidad*..., ob. cit., pág. 449.

204. Juan Alfonso SANTAMARÍA PASTOR, «Caducidad del procedimiento (art. 44.2 LRJAP)», cit., pág. 53.

idem, desde su vertiente procesal: la que prohíbe que alguien sea sometido a un doble procedimiento sancionador por los mismos hechos[205].

Las razones esgrimidas por los valedores de esta tesis no son desdeñables. De hecho, han sido asumidas por el legislador en alguna materia, como es la tributaria[206]. Y tuvieron acogida en diversas sentencias del Tribunal Superior de Justicia de Murcia[207], aunque hubo de rectificar su doctrina[208] por efecto de la STS (Sala 3.ª, sección 5.ª) de 5 de diciembre de 2001[209] que, a la vista del claro tenor literal del artículo 92.3 de la LRJPAC (hoy 95.3 de la LPAC), consideró erróneo el criterio hasta entonces mantenido en esa región.

---

205. Gabriel Doménech Pascual, «¿Es compatible con el principio ne bis in idem reabrir un procedimiento sancionador caducado?», en Revista Española de Derecho Administrativo, núm. 136, 2007, passim, especialmente en las págs. 741 a 755. No le falta razón cuando el propio Tribunal Constitucional ha declarado que «la prohibición dirigida al Estado de no someter a los ciudadanos a un doble o ulterior procedimiento sancionador por los mismos hechos con el mismo fundamento... constituye uno de los límites al ejercicio de la potestad sancionadora del Estado que la Constitución impone como inherente al derecho a ser sancionado en el marco de un procedimiento sancionador sustanciado con todas las garantías (art. 24.2 de la CE)» (STC 2/2003, fj 8). En suma, el ne bis in idem prohíbe no sólo la dualidad de resoluciones sancionadoras, sino también de procedimientos. Prohíbe someter al ciudadano a una doble «pena de banquillo».

206. La Ley General Tributaria (Ley 58/2003), en su artículo 211.4, ante la caducidad de un procedimiento sancionador, impide expresamente la incoación de otro nuevo: «La declaración de caducidad podrá dictarse de oficio o a instancia del interesado y ordenará el archivo de las actuaciones. Dicha caducidad impedirá la iniciación de un nuevo procedimiento sancionador». Puede verse al respecto Luis Alfonso Martínez Giner, «La caducidad de los procedimientos tributarios en la nueva Ley General Tributaria», en *Quincena Fiscal* (Aranzadi), núm. 11, 2004, págs. 11 a 35.

207. Por ejemplo, en las sentencias núms. 656/1999, de 9 de noviembre (rec. 551/1996) (RJCA 1999\3862); 842/2000, de 30 de septiembre (rec. 96/2000) (RJCA 2000\1617); o 744/2001, de 24 de octubre (1267/1998) (RJCA 2002\49).

208. A partir de la sentencia núm. 445/2002, de 29 de abril. Recurso 2321/1998 (JUR 2002\168480).

209. Ponente: Excmo. Sr. Yagüe Gil. Recurso 4963/1997 (RJ 2002\508).

Así pues, *de lege lata*, salvo la excepción apuntada en materia tributaria, la caducidad únicamente produce efectos *ad intra*, esto es, respecto del concreto procedimiento de que se trate, sin afectar a la cuestión de fondo que se ventila en el mismo. El ámbito material o de fondo y el procedimental son tratados aquí como compartimentos estancos, incomunicados. De ahí que, pese a la caducidad, la Administración mantenga intactas sus facultades para iniciar un nuevo procedimiento por los mismos hechos, siempre que no haya prescrito el derecho o acción necesaria para ello[210]. Puede decirse, en resumidas cuentas, que la caducidad o perención es un instituto meramente formal o adjetivo, que no incide sobre el *ius puniendi*, sino solo sobre el procedimiento[211].

Esto es precisamente lo que se infiere del artículo 25.1.*b)* de la LPAC, relativo a la caducidad en los procedimientos administrativos sancionadores. Este precepto no se limita a ordenar el archivo de las actuaciones, sino que, además, se remite íntegramente, sin restricción alguna, a los efectos previstos en el artículo 95 de la misma ley. Uno de esos efectos es que la caducidad del expediente no produce por sí sola la prescripción de las acciones del particular o de la Administración (numeral 3 del citado art. 95 de la LPAC). La redacción de esta norma indica que el régimen jurídico de la caducidad y la prescripción son diferentes; y que, en consecuencia, la apreciación de la primera no determina la aplicación automática de la segunda[212].

---

210. En palabras de Marcos GÓMEZ PUENTE, *La inactividad de la Administración*, ob. cit. (ed. 2011), pág. 700, la perención del procedimiento «deja incólume los derechos, no incide sobre la situación jurídica subyacente, de modo que, si éstos no han fenecido a manos de otros institutos (como la prescripción o la caducidad mismas), nada impide volver a hacerlos valer en un nuevo procedimiento».

211. Sin perjuicio de que, en ocasiones, el transcurso del mismo plazo lleve aparejada, *ex lege*, no solo la perención del procedimiento sino también la caducidad de la acción para sancionar en el caso concreto. Así sucede en el ámbito tributario (art. 211.4 de la LGT).

212. Ricardo ESTÉVEZ GOYTRE, «La caducidad y la prescripción en el Derecho administrativo sancionador», en *Actualidad Administrativa*, núm. 46, 11 al 17 de diciembre de 2000, vol. 2000-3, págs. 1253 y ss., tiene claro que «la caducidad no implica, por sí sola, la extinción de la acción para el ejercicio de la potestad sancionadora». Refiriéndose al numeral 3 del

Visto así, los artículos 95.3 y 25.1.*b)* de la LPAC no son antagónicos: el archivo de las actuaciones que lleva consigo la caducidad no puede entenderse como causa impeditiva de la apertura de un nuevo expediente sobre el mismo objeto, siempre que la infracción no haya prescrito[213].

• Tribunal Supremo (Sala 3.ª, sección 2.ª)
Sentencia de 27 de septiembre de 2002[214]:

Primero. [...] La perención únicamente significa que el expediente o actuaciones administrativas practicadas han perdido su eficacia intrínseca por haber permanecido paralizado durante el tiempo y en las condiciones que marca la ley, o por haber rebasado su duración el tiempo máximo que la ley señaló para su conclusión; pero tales efectos (puramente adjetivos) para nada afectan al derecho subjetivo o potestativo que en el expediente se actuaba, el cual sigue unas vicisitudes y una vida propias, distintas de aquéllos. Es más, determinadas actuaciones producidas en aquel expediente (por ejemplo, documentos, certificaciones e, incluso, algunas pruebas) pueden seguir siendo eficaces fuera de él.

Cuando la paralización es imputable a la Administración, la perención cumple la finalidad de evitar que el procedimiento se eternice con menoscabo para la seguridad jurídica; cuando la paralización obedece a la conducta del particular, la perención presupone una decadencia en el interés de que se llegue al pronunciamiento administrativo. Pero, en cualquier caso, cuando por el transcurso del tiempo y la concurrencia de las condiciones que la ley señala, la perención se ha producido el expediente no tiene otro destino que la inoperancia y su archivo. Producido éste, si subsiste el derecho que se estaba ejerci-

---

artículo 92 de la LRJPAC (hoy 95.3 de la LPAC), para este autor «no cabe la menor duda de que el legislador ha querido aclarar que los efectos de la caducidad no coinciden con el agotamiento del ejercicio de la potestad sancionadora».

213. Así es reconocido, entre muchas otras, por las SSTS de 19 de julio de 1999 (rec. 703/1996) (RJ 1999\6193), 9 de mayo de 2001 (rec. 461/1999) (RJ 2001\4248), 5 de noviembre de 2001 (rec. 31/2000) (RJ 2002\5264), 5 de diciembre de 2001 (rec. 4963/1997) (RJ 2002\508), 17 de abril de 2002 (rec. 52/2000) (RJ 2002\4403), 29 de octubre de 2002 (rec. 1747/1998) (RJ 2002\9644), 12 de junio de 2003 (rec. 18/2002) (RJ 2003\4602), 5 de mayo de 2004 (rec. 556/2002) (RJ 2004\3216) y 9 de febrero de 2009 (rec. 321/2005) (RJ 2009\599).

214. Ponente: Excmo. Sr. Pujalte Clariana. Recurso 6691/1997 (RJ 2002\8289). Lo mismo puede leerse en la STS (Sala 3.ª, sección 2.ª) de fecha 19 de diciembre de 2013 (rec. 1885/2013) (RJ 2013\8219).

tando porque, por ejemplo, no ha prescrito aún, nada obsta que, por iniciativa de quien corresponda, pueda volverse a iniciar otro u otros nuevos expedientes que persigan igual finalidad que el caducado.

• Tribunal Supremo (Sala 3.ª, sección 5.ª) Sentencia de 20 de septiembre de 2012[215]:

Segundo. [...] A diferencia de la prescripción, que es causa de extinción del derecho o de la responsabilidad de que se trate, la caducidad constituye un modo de terminación del procedimiento por el transcurso del plazo fijado en la norma, por lo que su apreciación no impide, si no ha transcurrido el plazo establecido para la prescripción de la acción de restablecimiento de legalidad urbanística por parte de la Administración, la iniciación de un nuevo procedimiento. Como se recordará, la caducidad del expediente no produce por sí sola la prescripción de las acciones de la Administración (artículos 92.3 y 44.2 de la Ley 30/1992).

La doctrina legal sobre este particular fue fijada (bajo la vigencia de la Ley 30/1992) por la STS (Sala 3.ª, sección 5.ª) de 12 de junio de 2003[216]:

> La declaración de caducidad y archivo de actuaciones establecidas para procedimientos en que la Administración ejercite potestades sancionadoras, artículo 44.2 de la Ley 30/1992, no extinguen la acción de la Administración para ejercitar las potestades aludidas en ese precepto, siéndoles plenamente aplicable el artículo 92.3 de la misma ley.

Esta sentencia, cuya doctrina es plenamente aplicable en la actualidad, cosechó severas críticas. MESEGUER YEBRA dijo de ella que incurre «en interpretaciones un tanto forzadas»[217]. SANTAMARÍA PASTOR fue más allá. Sostuvo que la línea marcada por esta doctrina «constituye un agujero negro que convierte el instituto de la caducidad en algo completamente inútil»[218].

---

215. Ponente: Excmo. Sr. Calvo Rojas (RJ 2012\9195). En los mismos términos véase la STS (Sala 3.ª, sección 5.ª) de 5 de julio de 2013 (fj 6) (RJ 2013\5822).

216. Ponente: Excmo. Sr. Sanz Bayón (RJ 2003\4602).

217. Joaquín MESEGUER YEBRA, «A vueltas con la caducidad en los procedimientos sancionadores», *Revista Jurídica de Castilla y León*, núm. 1, septiembre de 2003, págs. 213 a 222.

218. Juan Alfonso SANTAMARÍA PASTOR, «Caducidad del procedimiento (art. 44.2 LRJAP)», cit., págs. 53 y ss.

Y advirtió, con razón[219]:

> La caducidad, de ser un instrumento de garantía y tranquilidad del ciudadano, pasa así a convertirse en un mero instrumento punitivo de la supuesta negligencia de los funcionarios; un instrumento punitivo que termina recayendo, a fin de cuentas, sobre las espaldas del ciudadano, que no solo se ve sometido a la tortura de un nuevo expediente y a la incertidumbre que entraña, sino que contempla cómo el nuevo procedimientos se tramita —es humano— con bríos renovado y con un colmillo mucho más retorcido que el anterior, por unos funcionarios espoleados por el reproche implícito y la carga de tener que reproducir todo el procedimiento.

Con todo, la Administración no puede reiniciar indefinidamente expediente tras expediente en sustitución de otros anteriores que hubieren caducado. Ello atentaría contra la seguridad jurídica y encuentra sus límites en la doctrina del abuso del derecho (art. 7.2 del Código Civil) o, quizás con mayor rigor desde el punto de vista jurídico-administrativo, en la desviación de poder (arts. 48.1 de la LPAC y 70.2 de la LJCA)[220]. La STS (Sala 3.ª, sección 4.ª) de 30 de mayo de 2002 (fj 2)[221] precisa que «reiniciar varias veces un procedimiento tras sucesivas declaraciones de caducidad, al provocar una situación de inseguridad jurídica del administrado, puede dar lugar a que se aprecie la existencia de un abuso de derecho por parte de la Administración».

B) Validez en un nuevo expediente sancionador de lo actuado en el procedimiento caducado

Toda vez que la Administración, pese a la caducidad del expediente, puede iniciar un nuevo procedimiento sancionador para perseguir la hipotética infracción si esta no hubiera prescrito, cabe preguntarse si las actuaciones realizadas en el procedimiento caducado pueden tener alguna eficacia en el nuevo procedimiento. El artículo 95.3.II de la Ley 39/2015 ha afrontado esta cuestión, aunque no con suficiente claridad:

> En los casos en los que sea posible la iniciación de un nuevo procedimiento por no haberse producido la prescripción, podrán incor-

---

219. *Ibidem*, págs. 54-55.

220. Así, Francisco García Gómez de Mercado, *Sanciones administrativas*, 2.ª ed., Comares, Granada, 2004, pág. 235.

221. Ponente: Excmo. Sr. Baena del Alcázar (RJ 2002\8514).

porarse a éste los actos y trámites cuyo contenido se hubiera mantenido igual de no haberse producido la caducidad. En todo caso, en el nuevo procedimiento deberán cumplimentarse los trámites de alegaciones, proposición de prueba y audiencia al interesado.

La norma viene a recoger, en buena medida, las directrices marcadas por la jurisprudencia del Tribunal Supremo. Un buen ejemplo es la STS (Sala 3.ª, sección 5.ª) de 24 de febrero de 2004[222] que, recopilando su propia doctrina, estableció lo siguiente:

> *Octavo.* [...] Al declarar la caducidad la Administración ha de ordenar el archivo de las actuaciones, lo cual, rectamente entendido, comporta:
>
> *a)* Que el acuerdo de iniciar el nuevo expediente sancionador (si llega a producirse) puede y debe fundarse en los mismos documentos que, con el valor de denuncia, determinaron la iniciación del expediente caducado. De lo contrario carecería de sentido aquel mandato legal. Afirmación, esta primera, que cabe ver, entre otras, en las sentencias de esta Sala Tercera del Tribunal Supremo de fechas 1 de octubre de 2001 (dos), 15 de octubre de 2001, 22 de octubre de 2001 y 5 de noviembre de 2001.
>
> *b)* Que en ese nuevo expediente pueden surtir efectos, si se decide su incorporación a él con observancia de las normas que regulan su tramitación, actos independientes del expediente caducado, no surgidos dentro de él, aunque a él se hubieran también incorporado. Concepto, éste, de actos independientes, que también cabe ver en las sentencias que acaban de ser citadas.
>
> *c)* Que no cabe, en cambio, que en el nuevo procedimiento surtan efecto las actuaciones propias del primero, esto es, las surgidas y documentadas en éste a raíz de su incoación para constatar la realidad de lo acontecido, la persona o personas responsables de ello, el cargo o cargos imputables, o el contenido, alcance o efectos de la responsabilidad, pues entonces no se daría cumplimiento al mandato legal de archivo de las actuaciones del procedimiento caducado[223].

---

222. Ponente: Excmo. Sr. Menéndez Pérez. Recurso 3754/2001 (RJ 2005\5662). Véanse también las SSTS (Sala 3.ª) de 6 de noviembre de 2012 (rec. 3558/2011) (RJ 2012\10598); 18 de junio de 2014 (rec. 6525/2011) (RJ 2014/3672) y 21 de diciembre de 2015 (rec. 2520/2013) (RJ 2015\6420).

223. En materia fiscal, si caduca un procedimiento sancionador está prohibido incoarlo de nuevo (art. 211.4, último inciso, de la LGT), de manera que la caducidad conlleva aquí la prohibición del *bis in idem*. Ahora bien, con arreglo a lo dispuesto por el artículo 104.5.III de la LGT, los elementos de prueba obtenidos en un procedimiento caducado sí son legalmente válidos y eficaces a efectos probatorios en otros procedimientos ya iniciados o que puedan iniciarse con posterioridad en relación con el mismo u otro obligado tributario.

> *d)* Que cabe, ciertamente, que en el nuevo procedimiento se practiquen otra vez las mismas actuaciones que se practicaron en el primero para la constatación de todos esos datos, circunstancias y efectos. Pero habrán de practicarse con sujeción, ahora y de nuevo, a los trámites y garantías propios del procedimiento sancionador y habrán de valorarse por su resultado o contenido actual y no por el que entonces hubiera podido obtenerse. Y
>
> *e)* Que, por excepción, pueden surtir efecto en el nuevo procedimiento todas las actuaciones del caducado cuya incorporación solicite la persona contra la que se dirige aquél, pues la caducidad «sanciona» el retraso de la Administración no imputable al administrado y no puede, por ello, desenvolver sus efectos en perjuicio de éste.

Esta misma sentencia estima que, producida la caducidad del expediente, la resolución final ha de limitarse a acordar el archivo, sin más. En concreto, no puede ordenar la conservación de determinadas actuaciones. Hacer tal cosa contraviene lo dispuesto en el ordenamiento jurídico [actual art. 25.1.*b)* de la LPAC], como bien señala el Alto Tribunal:

> *Noveno.* La aplicación de lo expuesto al caso de autos determina que aquel punto segundo de la resolución impugnada *[conservación de determinados actos]* no sea conforme a Derecho. De un lado, porque lo que debió ordenar fue *[únicamente]* el archivo de las actuaciones. De otro, porque será al acordar la incoación del nuevo procedimiento sancionador (si así llega a acordarse) cuando deberá expresarse cuáles son las actuaciones que, con valor de denuncia, dan cobertura a ese acuerdo de incoación. Y, en fin, porque será durante la tramitación del nuevo procedimiento sancionador cuando deberá decidirse, con observancia de las normas por las que se rige y de la interpretación antes expuesta sobre el significado del mandato «archivo de las actuaciones», qué cabe incorporar a él, y cómo, de lo ya obrante en el caducado.

Será, por tanto, en el nuevo procedimiento que se incoe donde se rehabilitará la eficacia de las actuaciones que procedan; bien sea acordándolo en la propia resolución de inicio o en una ulterior resolución del instructor del nuevo expediente.

En suma, sabemos que la declaración de caducidad no impide la apertura de un nuevo procedimiento sancionador por los mismos hechos, en tanto no haya prescrito la infracción que originó la incoación del procedimiento caducado (art. 95.3 de la LPAC). Pero, en cuanto a la incorporación a un nuevo procedimiento de lo actuado en el expediente sancionador archivado por caducidad, no todo vale.

Sistematizando lo expuesto por el artículo 95.3.II de la LPAC y la citada doctrina jurisprudencial, podemos extraer las siguientes pautas:

a) Incoación del nuevo procedimiento

No hay problema alguno en aceptar que la Administración funde la incoación del nuevo procedimiento en la misma documentación que sirvió para iniciar el ya fenecido (denuncia, actas, informes y demás documentos). Tales actuaciones eran previas al procedimiento, por lo que no tienen por qué verse afectadas por la caducidad de este último. Esta solución no solo es posible, sino obligada: el nuevo expediente *«puede y debe* fundarse en los mismos documentos...», dice el Tribunal Supremo.

• Tribunal Supremo (Sala 3.ª, sección 4.ª)
Sentencia de 5 de noviembre de 2001[224]:

> *Tercero.* [...] Resulta, por lo demás, evidente que el acuerdo de reiniciar el expediente puede y debe fundarse en los mismos documentos que, con el valor de denuncia [...] determinaron la iniciación del expediente caducado. Por otra parte, la caducidad del expediente no determina la falta de efectos de los actos que tienen valor independiente, como son las actas e informes y documentos en los que se funda el acuerdo de inicio, respecto del cual se produjeron con anterioridad. Su incorporación al nuevo expediente determina que dichos documentos queden sujetos al régimen y efectos ligados a éste, sin perjuicio de la caducidad del anterior procedimiento y de su falta de efectos en éste [en el caducado].

Lo que no cabe es incorporar al acuerdo de inicio ningún informe, documentación o prueba recabada durante la sustanciación del procedimiento caducado; tampoco es posible añadir nuevos hechos o conductas que hayan sido constatadas en las diligencias de instrucción seguidas en el expediente caducado. No es admisible, en suma, que el sujeto pasivo se encuentre con que el nuevo procedimiento que se inicia en su contra resulte más gravoso que el que caducó y fue archivado.

224. Ponente: Excmo. Sr. Xiol Ríos. Recurso 31/2000 (RJ 2002\5264). En idéntico sentido pueden verse las SSTS (Sala 3.ª, sección 5.ª) de 1 de octubre de 2001 (dos sentencias) (RJ 2002\3123 y RJ 2002\3124), 15 de octubre de 2001 (RJ 2002\10190) y 22 de octubre de 2001 (RJ 2002\9837).

Por lo tanto, el contenido del nuevo acuerdo de incoación (art. 64.2 de la LPAC) se tendrá que limitar a identificar a la misma persona o personas presuntamente responsables, y a nadie más; a incluir los mismos hechos que motivaron la incoación del procedimiento caducado, y ningún otro; a calificarlos de igual manera que hizo entonces, o más levemente, pero nunca con mayor gravedad; y, finalmente, a señalar las sanciones que pudieran corresponder a tales hechos. Todo ello sin perjuicio de lo que resulte tras el tamiz de la prueba practicada en este nuevo procedimiento.

b) Cumplimentación de trámites en el nuevo procedimiento

La Administración no podrá, en el nuevo procedimiento, dar por cumplidos trámites realizados en el procedimiento caducado. «En todo caso, en el nuevo procedimiento deberán cumplimentarse los trámites de alegaciones, proposición de prueba y audiencia al interesado», dice el artículo 95.3.II de la LPAC.

Los ítems procedimentales caducados no son aprovechables, no pueden convalidarse. Hay que tramitar de nuevo íntegramente todo el procedimiento. De no ser así, la declaración de caducidad y reapertura de un nuevo procedimiento sería una farsa, una mera formalidad sin contenido real. Esto significa que las pruebas practicadas en un procedimiento caducado no pueden, sin más, conservarse e incorporarse al nuevo procedimiento. Tienen que practicarse de nuevo. No otra cosa cabe inferir del mandato legal de repetir, entre otros, el trámite de prueba desde su proposición.

La resolución final habrá de fijar los hechos, la persona o personas responsables, la infracción o infracciones cometidas y la sanción o sanciones que se imponen, o bien la declaración de no existencia de infracción o responsabilidad (art. 90.1 de la LPAC). Para ello, únicamente podrá tener en consideración y valorar el resultado de las pruebas practicadas en el nuevo expediente, definido como «el conjunto ordenado de documentos y actuaciones que sirven de antecedente y fundamento a la resolución administrativa» (art. 70.1 de la LPAC).

Que la determinación de todos estos datos, circunstancias y efectos solo puede derivarse de las actuaciones practicadas en el nuevo procedimiento, lo expone con claridad el Tribunal Superior de Justicia de Castilla-La Mancha (sección 2.ª) en su sentencia núm. 24/2011, de 25 de enero[225]:

> *Quinto.* [...] Todos los documentos, informes y trámites en general, surgidos durante la tramitación del expediente caducado y por su causa, quedan archivados con la declaración de caducidad del procedimiento, y no pueden ser incorporados al nuevo expediente que se reinicie. En este sentido no pueden convalidarse ninguna de las pruebas practicadas durante la tramitación del expediente caducado, ya sean periciales, testificales, o inspecciones del propio instructor del expediente u ordenadas por éste. Lo que se acaba de afirmar en el punto anterior, no es obstáculo para que las pruebas practicadas y los informes solicitados en el procedimiento caducado, se repitan siguiendo los mismos trámites de éste, y que tengan incluso el mismo contenido; pero deberán practicarse de nuevo en el procedimiento reiniciado, y deberán valorarse por su resultado o contenido actual y no por el que hubiera podido obtenerse en el procedimiento caducado. Por excepción, pueden surtir efecto en el nuevo procedimiento todas las actuaciones y documentos del expediente caducado cuya incorporación solicite la persona contra la que se dirigen los expedientes, tanto el caducado como el reiniciado, o por la persona a la que dichos expedientes pueden producir efectos desfavorables o de gravamen.

c) Conservación de actuaciones

La caducidad del procedimiento determina la pérdida de valor formal de las actuaciones practicadas, pero no supone la nulidad de absolutamente todos sus efectos materiales[226]. Algunas de las actuaciones que se practicaron sin vicio alguno en el proceso caducado pueden recuperarse para el nuevo

---

225. Ponente: Ilmo. Sr. Narváez Bermejo. Recurso 947/2006 (JUR 2011\118136). También, del mismo tribunal, la sentencia núm. 90/2011, de 28 de febrero (rec. 948/2006) (JUR 2011\142742); las sentencias núms. 129 (rec. 951/2006), 130 (rec. 952/2006) y 131 (rec. 953/2006), todas de 18 de marzo de 2011 (JUR 2011\190282, JUR 2011\190287 y JUR 2011\190288); las sentencias 134 (rec. 957/2006) y 135 (rec. 949/2006), de 21 de marzo de 2011 (JUR 2011\167042 y JUR 2011\167040); y las sentencias 163 (rec. 950/2006) y 164 (rec. 956/2006), de 5 de abril de 2011 (JUR 2011\187338 y JUR 2011\187339).

226. Véase Francisco L. Hernández González, *La caducidad del procedimiento...*, ob. cit., págs. 245-246 y 357-358.

procedimiento. Se trata de una especie de «reciclaje». Son actuaciones que, en su momento, se practicaron válidamente, pero que resultarán ineficaces en el nuevo procedimiento en tanto en cuanto no se incorporen al mismo.

Esa es la idea del artículo 95.3.II de la LPAC cuando autoriza la incorporación de aquellos «actos y trámites cuyo contenido se hubiera mantenido igual de no haberse cometido la infracción». El precepto viene a suponer una concreción, en materia de caducidad, del principio de conservación de actuaciones, recogido de modo general en el artículo 51 de la LPAC. Crítico con esta solución se mostró hace ya tiempo SANTAMARÍA PASTOR[227]:

> Invocar, como se hace en la práctica, los principios de economía procesal o de conservación de actos [hoy arts. 51 y 95.3.II de la LPAC] para tener por realizados determinados trámites, constituye una invitación a la chapuza que es incompatible con la seriedad y rigor que deben revestir este tipo de procedimientos de resultado tendencialmente gravoso, y contamina a los nuevos procedimientos de un estilo inequívocamente vengativo (en el caso anterior se me pasó el plazo; pero ahora vas a enterarte de lo que es correr) que debiera desterrarse por completo de nuestra cultura administrativa.

Pues bien, parece razonable que para el inculpado no haya restricciones al respecto. Así, podrán surtir efecto en el nuevo procedimiento todas aquellas actuaciones del caducado cuya incorporación solicite el sujeto inculpado. Y es que, como recuerda la STS (Sala 3.ª, sección 5.ª) de 24 de febrero de 2004[228], la caducidad «sanciona» el retraso de la Administración no imputable al administrado y no puede, por ello, desenvolver sus efectos en perjuicio de este último.

El administrado puede tener interés en que se agilice la tramitación de este nuevo, y segundo, expediente, en lugar de que se demore como consecuencia de la repetición de actuaciones administrativas que, ciertamente, pueden resultar innecesarias. Pues bien, ese interés debe ser satisfecho.

227. Juan Alfonso SANTAMARÍA PASTOR, «Caducidad del procedimiento (art. 44.2 LRJAP)», cit., pág. 48.

228. Ponente: Excmo. Sr. Menéndez Pérez. Recurso 3754/2001 (RJ 2005\5662).

Y, desde luego, es razonable y comprensible que reclame la incorporación al nuevo expediente de todas aquellas actuaciones del procedimiento caducado que le hubieran sido favorables.

Como advierte la STSJ de Castilla-La Mancha (sección 2.ª) núm. 24/2011, de 25 de enero[229]:

> *Cuarto.* [...] la caducidad de un expediente sancionador o de todo aquel procedimiento en que la Administración ejercite potestades de intervención, susceptibles de producir efectos desfavorables o de gravamen, está pensada para castigar el retraso de la Administración en resolver, pero no para perjudicar al administrado. Por lo tanto, éste último tiene el derecho de pedir que las actuaciones o documentos del expediente caducado que según su criterio le beneficien, se incorporen al nuevo expediente reiniciado.

Más allá del interés del inculpado en rehabilitar aquello que le favorezca, el problema surge a la hora de determinar un estándar o criterio razonable para concretar cuándo una actuación probatoria puede recuperarse por la Administración y cuándo no. En principio, todas ellas habrán de repetirse. «No cabe –dice el Tribunal Supremo[230]– que en el nuevo procedimiento surtan efecto las actuaciones propias del primero, esto es, las surgidas y documentadas en éste a raíz de su incoación para constatar la realidad de lo acontecido, la persona o personas responsables de ello, el cargo o cargos imputables, o el contenido, alcance o efectos de la responsabilidad, pues entonces no se daría cumplimiento al mandato legal de archivo de las actuaciones del procedimiento caducado».

229. Ponente: Ilmo. Sr. Narváez Bermejo. Recurso 947/2006 (JUR 2011\118136). También, del mismo tribunal, la sentencia núm. 90/2011, de 28 de febrero (rec. 948/2006) (JUR 2011\142742); las sentencias núms. 129 (rec. 951/2006), 130 (rec. 952/2006) y 131 (rec. 953/2006), todas de 18 de marzo de 2011 (JUR 2011\190282, JUR 2011\190287 y JUR 2011\190288); las sentencias 134 (rec. 957/2006) y 135 (rec. 949/2006), de 21 de marzo de 2011 (JUR 2011\167042 y JUR 2011\167040); y las sentencias 163 (rec. 950/2006) y 164 (rec. 956/2006), de 5 de abril de 2011 (JUR 2011\187338 y JUR 2011\187339).

230. STS (Sala 3.ª, sección 5.ª) de 24 de febrero de 2004. Recurso 3754/2001 (RJ 2005\5662).

Parece claro que los actos de prueba nacidos en el seno del anterior procedimiento no pueden tener eficacia alguna. Esa es la regla; pero ello no impide que aquellos elementos o fuentes de prueba nacidos fuera del procedimiento o que resulten irrepetibles (como sucede con las muestras tomadas en un determinado momento para su análisis) sí puedan traerse eficazmente al nuevo procedimiento. En palabras de la STSJ de Andalucía (sede en Málaga, sección 3.ª), núm. 941/2016, de 29 de abril[231]:

> *Segundo.* [...] el archivo de las actuaciones [...] no es incompatible con el empleo en el nuevo procedimiento que sigue al caducado, del material recabado en el curso del procedimiento anterior, siempre y cuando se trate de material de procedencia exterior, esto es no generado en el mismo procedimiento administrativo, sino producido al margen del mismo e incorporado con posterioridad al expediente administrativo.

A ello alude el Tribunal Supremo cuando indica que «en ese nuevo expediente pueden surtir efectos, si se decide su incorporación a él con observancia de las normas que regulan su tramitación, *actos independientes del expediente caducado, no surgidos dentro de él aunque a él se hubieran también incorporado*». La información y actuaciones previas (art. 55 de la LPAC) son un buen ejemplo, más allá de las que hayan servido para incoar el nuevo expediente.

En todo caso, es exigible que las actuaciones recuperables se incorporen materialmente al nuevo expediente, sin que sea de recibo valorarlas *per relationem* o por remisión al procedimiento caducado. Aquí no resulta de aplicación lo dispuesto en el artículo 88.6 de la LPAC porque las actuaciones se encuentran en un procedimiento que fue declarado nulo, sin validez[232].

Veamos algunos ejemplos sobre qué actuaciones pueden considerarse recuperables y cuáles no.

231. Ponente: Ilmo. Sr. García de la Rosa. Recurso núm. 275/2015 (JUR 2017\29521).

232. Así, la STSJ de Extremadura núm. 163/2016, de 25 de octubre. Recurso 161/2016 (JUR 2016\242139).

La STS (Sala 3.ª, sección 5.ª) de 21 de noviembre de 2012[233] consideró que no era recuperable el informe del órgano consultivo de una comunidad autónoma, al ser «un acto que se solicitó y emitió *ad hoc* en el seno de aquel primer expediente caducado y archivado, con ocasión del mismo y para surtir efectos en él y no en ningún otro expediente, por lo que no puede caracterizarse como un acto independiente del expediente caducado en cuanto que no surgido dentro de él».

La Audiencia Nacional, en sentencia de 8 de noviembre de 2012[234], dijo que «no es posible considerar como válidos y subsistentes, a los efectos de su utilización en el nuevo procedimiento, las pruebas y actuaciones generadas en el procedimiento administrativo cuya caducidad se declara». Y, más adelante, añade que lo expuesto «impide tener por válidos, a los efectos probatorios que nos ocupan, los informes y pruebas realizados en los sucesivos procedimientos archivados, pero no impide que siga teniéndose por válida el acta, el plano y el reportaje fotográfico que se realizó por la Administración antes de iniciar el primero de los procedimientos administrativos, pues esta actividad probatoria se generó antes y al margen del procedimiento mismo y debe permanecer ajena a la caducidad del mismo».

El TSJ de Castilla-La Mancha, en la sentencia núm. 24/2011, de 25 de enero[235], determinó algunos de los documentos que podían incorporarse al nuevo expediente, tales

233. Ponente: Excmo. Sr. Peces Morate. Recurso 5618/2009 (RJ 2012\11209).

234. Ponente: Excmo. Sr. Córdoba Castroverde. Recurso 451/2010 (JUR 2012\379698). Lo reproduce en la sentencia del mismo tribunal de 7 de junio de 2019 (rec. 582/2017) (JUR 2019\203436).

235. Ponente: Ilmo. Sr. Narváez Bermejo. Recurso 947/2006 (JUR 2011\118136). También, del mismo tribunal, la sentencia núm. 90/2011, de 28 de febrero (rec. 948/2006) (JUR 2011\142742); las sentencias núms. 129 (rec. 951/2006), 130 (rec. 952/2006) y 131 (rec. 953/2006), todas de 18 de marzo de 2011 (JUR 2011\190282, JUR 2011\190287 y JUR 2011\190288); las sentencias 134 (rec. 957/2006) y 135 (rec. 949/2006), de 21 de marzo de 2011 (JUR 2011\167042 y JUR 2011\167040); y las sentencias 163 (rec. 950/2006) y 164 (rec. 956/2006), de 5 de abril de 2011 (JUR 2011\187338 y JUR 2011\187339).

como denuncias, informes técnicos previos a la incoación del procedimiento o procedentes de otros expedientes:

> *Quinto.* De acuerdo con la anterior doctrina jurisprudencial los informes y documentos que han servido de base para la tramitación de un procedimiento caducado, siendo anteriores a la resolución que ordena su inicio, pueden incorporarse al nuevo expediente que se reinicie, siempre que la acción no haya prescrito. En este grupo pueden incluirse las denuncias de particulares, de funcionarios o de personal laboral, los informes técnicos sobre hechos, construcciones, o daños, siempre que se hayan emitido con anterioridad al inicio del expediente caducado.
>
> Entendemos que también los informes y documentos que se hayan incorporado a un expediente caducado, provenientes de otros expedientes de la propia Administración o de otras Administraciones, pero que no responden a pruebas ni informes originados en el procedimiento caducado, también pueden ser incorporados al nuevo expediente que se reinicie.
>
> La incorporación de los documentos e informes definidos en los dos apartados anteriores puede ser acordada en la misma resolución que decida el reinicio del expediente caducado, o mediante una providencia del instructor del nuevo expediente.

El TSJ de Andalucía (sede en Sevilla, sección 3.ª), en su sentencia núm. 906/2016, de 6 de octubre[236], niega validez alguna en el nuevo expediente de los «informes elaborados a instancia de la instrucción del expediente caducado» y de las «testificales practicadas en el seno del mismo». Dice así:

> *Tercero.* [...] En el caso de autos consta diligencia de traslado de documentación del expediente [caducado] al nuevo procedimiento incoado en esa misma fecha. Y entre la documentación que se traslada se incluye, además de diversos informes elaborados a instancia de la instrucción del expediente caducado, testificales practicadas en el seno del mismo. Y es en este punto donde debemos discrepar de lo defendido en la contestación a la demanda. El recurrente en ningún momento solicita extender los efectos de los actos de prueba del procedimiento caducado al nuevo procedimiento sancionador que se le incoa. Sino que solicita prueba, una de las cuales coincide en cuanto al testigo con la ya practicada. Pero sin que ello justifique como se hace, que los actos del procedimiento caducado puedan ser traídos al nuevo procedimiento.
>
> Lo expuesto nos conduce a estimar el recurso anulando la resolución sancionadora.

---

236. Ponente: Ilmo. Sr. Jiménez Jiménez. Recurso 467/2015 (JUR 2016\258729).

Y, por lo que atañe a la irrepetibilidad congénita de determinadas actuaciones, el TSJ de Cataluña (sección 3.ª), en la sentencia núm. 608/2018, de 28 de junio[237], dio validez «a los elementos [de un informe pericial elaborado para el anterior expediente caducado] que no se puedan repetir como toma de muestras, fotografías o vídeos de las inspecciones, irreproducibles en las mismas circunstancias de su fecha». Y lo razona así:

> *Segundo.* [...] dicho informe no puede excluirse en toda su extensión, ya que incluye fotografías de los días de las inspecciones efectuadas en las instalaciones, y análisis de las muestras tomadas esos días, que son irrepetibles por razones obvias, ya que las que se hicieran después de abierto el segundo expediente no podrían recoger el estado de las instalaciones ni la carga contaminante de las aguas vertidas en esas fechas, lo que justifica su incorporación al expediente con las garantías de contradicción que en este caso se dieron, ya que su unión se acordó por diligencia del instructor notificada a la interesada.

C) El procedimiento caducado no interrumpe la prescripción

El efecto inmediato de la declaración de caducidad es la desaparición jurídica del procedimiento, lo que conlleva que el mismo deba tenerse por no realizado. Por tanto, todas las actuaciones llevadas a cabo hasta el momento en que se declare la caducidad se consideran inexistentes e ineficaces de cara a interrumpir la prescripción.

Entre ellas, se incluyen las reclamaciones y los recursos administrativos entablados por el afectado para lograr la declaración de caducidad, pues no son sino una prolongación del mismo procedimiento caducado, que desaparecen embebidos en él. Otra solución —reconoce la STS (Sala 3.ª, sección 3.ª) núm. 9/2017, de 10 de enero[238]— «conduciría

237. Ponente: Ilma. Sra. Hernández Pascual. Recurso 134/2015 (JUR 2018\280455).

238. Ponente: Excmo. Sr. Yagüe Gil. Recurso para unificación de doctrina 1943/2016 (RJ 2017\1895). Esta resolución rectificó el anterior criterio del Alto Tribunal expuesto en las sentencias de 5 de octubre de 2010 (rec. 412/2008) y 23 de octubre de 2012 (rec. 306/2012) y 21 de diciembre de 2015 (rec. 2520/2013)

a resultados ilógicos, cargando al interesado los resultados de una inactividad administrativa y dejando a voluntad de la Administración la operatividad o inutilidad de la figura de la caducidad, pues sería beneficioso para ella no declararla nunca a la espera de una reacción del interesado que interrumpa la prescripción».

El artículo 95.3 de la LPAC es meridianamente claro cuando determina que «los procedimientos caducados no interrumpirán el plazo de prescripción». Su aplicación al procedimiento sancionador queda fuera de toda duda por la expresa remisión que a este precepto hace el artículo 25.1.*b)* de la LPAC: «en los procedimientos en que la Administración ejercite potestades sancionadoras [...] se producirá la caducidad [...] *con los efectos previstos en el artículo 95*». Ya la lejana STS (Sala 3.ª, sección 2.ª) de 9 de mayo de 1989[239] decía, respecto de la prescripción de la sanción, «que no se interrumpe por los procedimientos caducados». Y, en este siglo, la STS (Sala 3.ª, sección 4.ª) de 5 de noviembre de 2001[240] declaró:

> *Tercero.* Esta Sala viene manteniendo [...] que la caducidad del expediente no impide que sea iniciado de nuevo en tanto no haya prescrito la infracción, pues establece que «la caducidad no producirá por sí sola la prescripción de las acciones del particular o de la Administración, pero los procedimientos caducados no interrumpirán el plazo de prescripción». *A sensu contrario* (por inversión lógica) debe entenderse que si la reanudación del procedimiento, por caducidad del anterior, se produce una vez prescrita la infracción, debe aplicarse la prescripción, la cual no resulta interrumpida por los procedimientos caducados.

En suma, producida la caducidad, ha de entenderse que la prescripción no se interrumpió con el inicio del procedimiento sancionador y que ha seguido corriendo a lo largo de todo el tiempo durante el que se tramitó el expediente caducado.

Esto es una lógica consecuencia de la desaparición de los efectos formales de la caducidad: el procedimiento caducado se extingue, por lo que no cabe derivar consecuencia alguna

239. Ponente: Excmo. Sr. Falcón García (RJ 1989\3622).

240. Ponente: Excmo. Sr. Xiol Ríos. Recurso 31/2000 (RJ 2002\5264).

de su incoación, ni siquiera para interrumpir los plazos de prescripción. La prescripción se computará como si el procedimiento caducado nunca se hubiera iniciado. Dicho en otros términos: la caducidad del procedimiento determina la obligación de computar, como tiempo de prescripción, no solo el transcurrido antes de su incoación sino también todo el empleado durante su tramitación. Se acumulan, por tanto, ambos tiempos[241].

Así pues, una vez caducado el procedimiento sancionador, el cómputo de la prescripción se hará del siguiente modo: se iniciará desde el día en que la infracción se cometió (art. 30.2 de la LRJSP) y se sumará todo el tiempo consumido durante la tramitación del procedimiento caducado más el que transcurra hasta la fecha en que se notifique al interesado la iniciación del nuevo procedimiento sancionador por los mismos hechos[242].

Si el tiempo transcurrido entre ambas fechas excede el plazo de prescripción, el nuevo procedimiento habrá de archivarse de oficio. Es más, si a la hora de iniciar el nuevo procedimiento el plazo de prescripción se hubiera cumplido, ni siquiera debería incoarse, sino directamente acordar que no procede perseguir la infracción por haber prescrito la acción para ejercitar el *ius puniendi*. En este caso, la caduci-

241. *Cf.* Ricardo ESTÉVEZ GOYTRE, «La caducidad y la prescripción...», art. cit., págs. 1243-1244.

242. Discrepamos por completo de la opinión que sustentan Íñigo SANZ RUBIALES y Manuel GÓMEZ TOMILLO, *Derecho administrativo sancionador. Parte general,* 3.ª ed., Thomson-Aranzadi, Cizur Menor (Navarra), 2013, pág. 780, cuando afirman que «transcurrido el plazo para la emisión del acto sancionador (esto es, el plazo de caducidad), el plazo de prescripción se reanuda (si no lo hizo antes, por paralización de más de un mes)». Una severa crítica a este singular y extraño planteamiento puede verse en Juan Alfonso SANTAMARÍA PASTOR, «Caducidad del procedimiento (art. 44.2 LRJAP)», cit., pág. 52, nota 51. Básicamente establece el siguiente silogismo: 1) La incoación de un procedimiento sancionador interrumpe la prescripción. 2) Si se produce la caducidad de dicho procedimiento, aquella interrupción de la prescripción se tiene por no realizada. Luego, en conclusión: el tiempo consumido en la tramitación del procedimiento debe computarse, a efectos de prescripción, sumándose al ya transcurrido hasta el momento de la incoación del expediente.

dad del procedimiento habría allanado el camino de la prescripción, produciéndose una y otra al mismo tiempo; bien entendido que el efecto extintivo material sobre el concreto ejercicio de la potestad sancionadora no lo produce la caducidad sino la mencionada prescripción.

Bibliografía

Aguado i Cudolà, Vicenç: *Prescripción y caducidad en el ejercicio de potestades administrativas,* Marcial Pons y Escola d'Administració Pública de Catalunya, Madrid, 1999.

— *Silencio administrativo e inactividad,* Marcial Pons, Madrid, 2001.

Aníbarro Pérez, Susana, y Sesma Sánchez, Begoña: «La potestad sancionadora», en *Estudios de la Ley General Tributaria,* varios autores, Lex Nova, Valladolid, 2006, págs. 799 a 1020.

Caballero Sánchez, Rafael: *Prescripción y caducidad en el ordenamiento administrativo,* McGraw-Hill, Madrid, 1999.

Chaves García, José Ramón: «La caducidad del procedimiento sancionador: hablando claro y con apoyo en la jurisprudencia reciente», 13 de agosto de 2009, en el blog *delaJusticia.com.*

— «Doctrina legal: La caducidad se trunca el día del intento de notificación postal», 16 de enero de 2014, en el blog *delaJusticia.com.*

— «El Supremo pone en valor la caducidad de los procedimientos como garantía», 25 de marzo de 2019, en el blog *delaJusticia.com.*

De Diego Díez, L. Alfredo: *Prescripción y caducidad en el procedimiento administrativo sancionador,* 2.ª ed., Bosch, Barcelona, 2009.

— *Tratamiento y efectos de la caducidad en el procedimiento sancionador,* Fe d'erratas, Madrid, 2014.

— *Los infartos de la Administración: prescripción de infracciones y sanciones*, Colex, A Coruña, 2019.

— «Inicio y fin de la caducidad en el procedimiento administrativo sancionador», en *Cuadernos de Derecho Local*, núm. 49, febrero de 2019, págs. 107 a 135.

DOMÉNECH PASCUAL, Gabriel: «¿Es compatible con el principio *ne bis in idem* reabrir un procedimiento sancionador caducado?», en *Revista Española de Derecho Administrativo*, núm. 136, 2007, págs. 727 a 755.

ESTÉVEZ GOYTRE, Ricardo: «La caducidad y la prescripción en el Derecho administrativo sancionador», en *Actualidad Administrativa*, núm. 46, 11 al 17 de diciembre de 2000, vol. 2000-3, págs. 1239 a 1262.

FERNÁNDEZ RODRÍGUEZ, Tomás Ramón: *Curso de Derecho Administrativo*, con Eduardo García de Enterría, tomo II, 4.ª ed., Civitas, Madrid, 1993.

GALLARDO CASTILLO, María Jesús: «El principio de irretroactividad en el derecho administrativo sancionador», en *El Consultor de los Ayuntamientos y de los Juzgados*, núms. 15-16, 2007, págs. 2585-2589.

— *Los principios de la potestad sancionadora. Teoría y práctica*, Iustel, Madrid, 2008.

GARBERÍ LLOBREGAT, José: *El procedimiento administrativo sancionador*, vol. I, 6.ª ed., Tirant lo Blanch, Valencia, 2016.

GARCÍA DE ENTERRÍA, Eduardo: «Un punto de vista sobre la nueva Ley de Régimen Jurídico de las Administraciones Públicas y de Procedimiento Administrativo Común de 1992», en *Revista de Administración Pública*, núm. 130, enero-abril de 1993, págs. 205 a 219.

GARCÍA GÓMEZ DE MERCADO, Francisco: *Sanciones administrativas*, 2.ª ed., Comares, Granada, 2004.

— «El procedimiento sancionador en materia tributaria», en *Estudios sobre la nueva Ley General Tributaria.*

Homenaje a D. Pedro Luis Serrera Contreras, dirigidos por Antonio Martínez Lafuente, Instituto de Estudios Fiscales (Ministerio de Economía y Hacienda), Madrid, 2004, págs. 865 a 884.

García Sanz, F. Javier: «La caducidad de los procedimientos administrativos sancionadores por transcurso del plazo máximo para notificar la resolución. Análisis de su aplicación práctica», en *La Ley*, 2005-2, D-85, págs. 1790 a 1802.

Gómez Fernández, Diego: «La caducidad del procedimiento administrativo es un vicio de nulidad», en el blog *Es de Justicia*, 24 de mayo de 2018.

— «¿La caducidad del procedimiento administrativo es un vicio de anulabilidad? Malamente...», en el blog *Es de Justicia*, 7 de agosto de 2019.

Gómez Puente, Marcos: «Prescripción, caducidad y perención administrativas», en *Justicia Administrativa*, núm. 4, julio de 1999, págs. 17 a 40.

— *La inactividad de la Administración*, Aranzadi, Elcano (Navarra), 1997; y 4.ª ed., Aranzadi-Thomson Reuters, Cizur Menor (Navarra), 2011.

González Navarro, Francisco: «La llamada caducidad del procedimiento administrativo», en *Revista de Administración Pública*, núm. 45, 1964, págs. 191 a 230.

Guerra Tschuschke, Alberto: «La caducidad del procedimiento administrativo sancionador», en *El Consultor de los Ayuntamientos y de los Juzgados*, núm. 13, 2000, págs. 2195 a 2200.

Hernández González, Francisco L.: *La caducidad del procedimiento administrativo*, Montecorvo, Madrid, 1998.

López Menudo, Francisco: *El principio de irretroactividad de las normas jurídico-administrativas*, Ediciones del Instituto García Oviedo, Universidad de Sevilla, 1982.

LÓPEZ PELLICER, José Antonio: «La caducidad del procedimiento administrativo sancionador: ¿puede reabrirse y tramitarse otro si la infracción no ha prescrito?», en *Actualidad Administrativa*, núm. 42, 15 al 21 de noviembre de 1999, vol. 1999-3, págs. 1171 a 1199.

— «La actuación extemporánea de la Administración en el procedimiento sancionador», en *Revista Española de Derecho Administrativo*, núm. 105, 2002, págs. 105 a 117.

LÓPEZ RAMÓN, Fernando: «La caducidad del procedimiento de oficio», en *Revista de Administración Pública*, núm. 194, mayo-agosto de 2014, págs. 11 a 47.

MACÍAS CASTAÑO, José María: «Prescripción y caducidad en los procedimientos administrativos sancionadores», en *Iuris*, núm. 144, diciembre 2009, págs. 49 a 55.

MARTÍN LÓPEZ, Jorge: «La sedicente caducidad del procedimiento sancionador tributario», en *Revista Española de Derecho Financiero*, Civitas, núm. 145, 2010, págs. 97 a 143.

MARTÍNEZ GINER, Luis Alfonso: «La caducidad de los procedimientos tributarios en la nueva Ley General Tributaria», en *Quincena Fiscal* (Aranzadi), núm. 11, 2004, págs. 11 a 35.

MESEGUER YEBRA, Joaquín: *La caducidad en el procedimiento administrativo sancionador*, Bosch, Barcelona, 2002.

— «A vueltas con la caducidad en los procedimientos sancionadores», en *Revista Jurídica de Castilla y León*, núm. 1, septiembre de 2003, págs. 213 a 222.

PAREJO ALFONSO, Luciano: *Manual de Derecho Administrativo*, vol. I, con A. Jiménez Blanco y L. Ortega Álvarez, 5.ª ed., Ariel Derecho, Barcelona, 1998.

SANTAMARÍA PASTOR, Juan Alfonso: «Caducidad del procedimiento (art. 44.2 LRJAP)», en *Revista de Administración Pública*, núm. 168, septiembre/diciembre de 2005, págs. 7 a 56.

SANZ CLAVIJO, Alfonso: *La caducidad del procedimiento. Su aplicación en el ámbito administrativo y tributario*, La Ley, Madrid, 2009.

SANZ RUBIALES, Íñigo, y Gómez Tomillo, Manuel: *Derecho administrativo sancionador. Parte general*, 3.ª ed., Thomson-Aranzadi, Cizur Menor (Navarra), 2013.

TARDÍO PATO, José Antonio: «Consideraciones sobre la caducidad del procedimiento administrativo», en *Revista de Estudios de la Administración Local y Autonómica*, núms. 298-299, 2005, págs. 11 a 53.

— «Caducidad del procedimiento», en *Diccionario de Derecho Administrativo*, obra colectiva dirigida por Santiago Muñoz Machado, Iustel, Madrid, 2005, tomo I, págs. 358 a 366.

VERDERA IZQUIERDO, Beatriz: *La irretroactividad: problemática general*, Dykinson, Madrid, 2006.